EVALUATING HEDGE FUND STRATEGIES

对冲基金交易策略评估

王 夏 著

图书在版编目(CIP)数据

对冲基金交易策略评估/王夏著. —上海:上海财经大学出版社,2023.7
ISBN 978-7-5642-4149-0/F·4149

Ⅰ.①对… Ⅱ.①王… Ⅲ.①对冲基金-投资-研究 Ⅳ.①F830.59

中国国家版本馆 CIP 数据核字(2023)第 060549 号

□ 责任编辑 袁 敏
□ 封面设计 贺加贝

对冲基金交易策略评估

王 夏 著

上海财经大学出版社出版发行
(上海市中山北一路 369 号 邮编 200083)
网 址:http://www.sufep.com
电子邮箱:webmaster@sufep.com
全国新华书店经销
江苏苏中印刷有限公司印刷装订
2023 年 7 月第 1 版 2023 年 7 月第 1 次印刷

710mm×1000mm 1/16 8.5 印张(插页:2) 134 千字
定价:68.00 元

推荐序

以买方视角审视投资 把握不确定中的确定性

被全球新冠疫情打断的美联储加息在通胀压力不断上升的背景下还是重启了，杠杆高企的全球经济和资本市场如惊弓之鸟。在 2022 年，美国标普 500 指数下跌 18%，明晟全球指数下跌 12%，港股恒生指数下跌 15%，A 股上证指数下跌 15%。伴随股指同步下跌的是包括债券、非美元货币和流动性较差的私募股权在内的各类资产价格。

在这样一片灰暗阴霾的笼罩之下，一些优秀的对冲基金却熠熠生辉：Aspect Capital 的旗舰基金上涨 37%，城堡（Citadel）的旗舰基金上涨 38%，AQR 的旗舰基金更是取得了自 1998 年成立以来的最好回报，上涨达到 44%。如何在动荡的市场中依旧保持强劲的上涨动能，这是机构投资者和高净值人士对基金经理提出的共同需求。

然而，选择优秀的对冲基金却不是一件轻而易举的事。全世界有 1 万多家对冲基金公司，交易的资产类别包括股票、债券、外汇、商品、期权期货类衍生品等，策略包括股票多空、管理期货、市场中性、事件驱动、宏观、信用多空、可转债套利、固收套利、并购套利、波动套利、问题证券等等，多种多样。但是，不是所有的对冲基金都能产生超额收益，巴菲特（Warren Buffet）就曾在《致股东信》中抨击对冲基金的高额收费与其业绩不匹配，不如配置成本低廉的大盘指数基金。确实，大部分对冲基金经理缺乏捕捉阿尔法的能力，只是在贝塔高低上有所区别。作为投资人，我们需要建立一套完备的评估和筛选体系，锁定那匹能够搭载我们穿越周期的千里马。

不过，即使在全世界范围内，这样的伯乐也是屈指可数，本书作者王夏就是其中的佼佼者。王夏已经在世界金融之都——伦敦——从事投资将近20年，她联合创办了英国方舟投资管理公司（Ark Investment Management）并出任首席投资官。在此之前，她长期担任英国最大的养老金管理咨询公司 Barnett Waddingham 的基金经理兼投研部主管，帮助英国政府、教师基金会、上市公司等管理员工集体养老金计划。她帮助客户成功避过了包括2008年国际金融危机在内的若干次市场大跌，其专业水准和职业精神得到客户和业界的高度认可，在业内颇具影响力的英国华人领军人物评选将首届"资管行业领军人物"的殊荣颁给了她。

王夏领导团队开发了一套对冲基金筛选系统，该系统经历多年的实战运用，不断优化，为客户提供了长期稳健的超额收益。具体而言，该系统对海外对冲基金按照策略进行分类，并根据长期和短期的收益、业绩波动、历史最大回撤、胜率、实盘运营时间、管理资产规模等指标对基金进行多维度的考评和打分。其团队特别看重基金在熊市中持续创造阿尔法的能力。除了实时更新的一个量化数据库，团队还有一个庞大的基于定性分析的基金经理评测报告库，针对基金经理的从业经历、投资风格、风险意识、心理状态、生活重心等进行记录和分析（对于以系统交易为主的基金，则着重研究其算法在交易和风控中的逻辑），并经常与基金经理以及包括券商、竞争对手和前/现同事在内的相关人士面谈来扩充和更新该智库。这种衍生的“闲聊投资法”也被教父级投资大师费雪（Philip Fisher）在其经典投资书籍《普通股票与非一般收益》（*Common Stocks and Uncommon Profits*）中多次提到并极为推崇。

该系统的关键创新点是在定量的基础上，将定性分析有机结合进来，以投资人的视角做基金筛选。世界上现存的对冲基金数据库都只能提供定量的数据和模板化的定性报告，因为定性的报告库搭建成本太高，与基金经理面谈不仅需要人脉，也需要对投资领域的洞察、卓越的沟通能力和专业分析技能等，门槛极高。

定性的意义在于对未来业绩作一个理性的预期，对可能发生的风险事件做提前的考量。在过去二十年里，王夏目睹了太多历史业绩光芒万丈的对冲基金由于策略不再奏效、监管要求提高、基金经理过度膨胀（导致杠杆使用过高）、关键人士离岗等原因，业绩开始滑坡，甚至瞬间陨落。

为防患于未然，在宏观上，王夏团队紧盯全球经济基本面数据、各国政府的财政政策和货币政策、市场流动性充裕情况、投资者资金流向等多个指标；在微观上，王夏团队深刻理解对冲基金的交易策略和风控措施，并对每月收到的对冲基金发来的报告进行业绩归因分析和风险敞口评估，并不断优化其筛选方法。

我一直在鼓励她将尽调的原则和具体实操写下来，以帮助更多人进步。我理解她本职工作很忙，王夏需要带领方舟团队研究股票、债券、投资信托、开放式基金、对冲基金等多类资产，同时，她还担任了多个社会职务，且是两个孩子的母亲。我可以想象她挤出时间来创作这本书有多么不容易！

因此，当最终拿到这本书的时候，我如获至宝，欣喜若狂。无论你是刚开始就读金融专业或者对投资管理感兴趣的大学生，还是希望对国外对冲基金加深了解的中国金融行业从业人员，抑或是正在进行全球投资的高净值人士，这本书都将帮助你搭建起基金筛选和评估的思想体系，并进而提高投资的风险回报。

是为序。

潘晓菡博士
于英国伦敦

前　言

本书的前身是作者为2017年在英国伦敦举办的对冲基金尽调考察行撰写的研究报告。一方面总结了作者自2008年以来在英国伦敦从事基金研究和基金组合管理的方法与经验;另一方面对基金分类、筛选方法、尽调流程、组合构建等实践进行了全面的汇总和评估。目的是为了给来自央行、商业银行和券商的考察行成员提供对冲基金筛选的理论和实践指导。这份百余页的报告,启发了成员之间就以下问题的深入探讨:西方的基金尽调实践对中国机构投资者有怎样的借鉴意义?在怎样的市场环境下,系统化或自由裁量策略能产生超额收益?鉴于基金经理人难以预测的未来表现,如何建立有效的跟踪监督以及风控机制?报告中的尽调方法,被成员应用到与多家英国大型基金的闭门会议上,使考察行实现了理论和实战的完美结合。

自2018年至今,包括对冲基金在内的资管行业经历了一系列突发事件。在多变的国际宏观环境中,某些策略获得了极度的成功,也迫使一些策略和基金陷入危机甚至清盘。基金研究和评估这个课题,进一步印证了投资大师霍华德·马克斯(Howard Marks)的观点,即投资更多是门艺术而不仅是科学。在此期间,作者及投研团队对投资和基金评估有了更深入的理解和实践。因此,作者对2017年的研究报告进行了全面的更新和订正,希望抛砖引玉,对金融机构在基金投资方面有借鉴意义。

由衷感谢潘晓菡博士对本书出版的鼓励和支持,感谢方舟投研团队尤其是李则婷、龙飞鸿、王阳和裘方盈细致的检查和修正工作。如有遗漏或需改进之处,欢迎批评指正。

王　夏

2023年于英国伦敦

目录

CONTENTS

1

对冲基金的起源

1.1 对冲基金的本质

基金，又称为集合投资计划，是资产管理行业中最广泛使用的金融产品之一，具有相对明确的投资目标、风险标准和高度的专业性。所谓集合，意思是众多客户的资金汇成一个投资组合，由指定的基金经理团队进行统一管理。客户持有基金的份额，其价值会随着基金总资产价值的浮动而变化。

基金的法律结构在不同的国家和地区各异，目标客户也各异，但本质上都是投资组合，用来持有和交易股票、债券、现金和其他金融工具来获取收益。相比在海外进行单一资产的投资，基金是平衡风险和收益的理智选择，能大大降低信息不充分、本土经验不足、风控不到位、法律法规知识缺乏等导致的投资决策失误的概率。

基金的分类标准有很多，如果从投资策略和原理上来看可以分为被动型和主动型两大类，被动型基金以指数基金和交易所交易基金为代表，主动型基金以公募基金、对冲基金和其他另类资产基金为代表。被动型基金和主动型基金的投资出发点和筛选的思路截然不同。本书研究的对象是主动型基金中最突出且最有争议的代表——对冲基金。

对冲基金(Hedge Fund),原意为“风险对冲过的基金”,其本质是由金融专才针对富有人群和专业机构私下募资的小众金融产品。为达到可持续的绝对回报目标,其交易策略和资产配置方法异常灵活。

风险对冲,长久以来是金融市场不可或缺的一部分。在19世纪80年代,大宗商品生产商和交易商开始使用远期合同(Forward contracts)来保护自己免受不利的价格变动。这种体系一直延续并活跃至今。

早在20世纪20年代,本杰明·格雷厄姆(Benjamin Graham)和杰罗姆·纽曼(Jerry Newman)创立了著名的Graham-Newman Partnership基金,该基金被认为是现代对冲基金的雏形。

第一个使用对冲(Hedge)这个词的人是阿尔弗雷德·温斯洛·琼斯(Alfred Winslow Jones),他出生于澳大利亚的墨尔本,1923年从哈佛大学毕业,20世纪40年代初在哥伦比亚大学获得社会学博士学位。在积累了大量与华尔街交易员和经纪人打交道的经验后,琼斯发表了《预测的最新潮流》(Fashion in Forecasting)一文,介绍了一种独特的投资策略:将对冲结合到投资策略中,能够带来更高的投资收益。1949年,琼斯建立了世界上第一只对冲基金,被誉为“对冲基金的鼻祖”。

1.2　20世纪80年代高速发展

虽然诞生于1926年,对冲基金的蓬勃发展却是在50年后。20世纪70年代,西方经济学界大力推动金融自由化,金融创新产品由此大量产生,为私募基金提供了极为丰富的交易工具。20世纪80年代起美国政府逐渐放松金融监管,不仅放宽了对对冲基金参与者的限制,也不断降低对冲基金的进入门槛,两大变革释放了对冲基金的活力。历经几十年的发展,全球对冲基金数量已超过27 000家,管理资产规模已超过4.8万亿美元(截至2022年第二季度)。在全球主要股票市场中,对冲基金的交易量占交易总量的40%～50%。

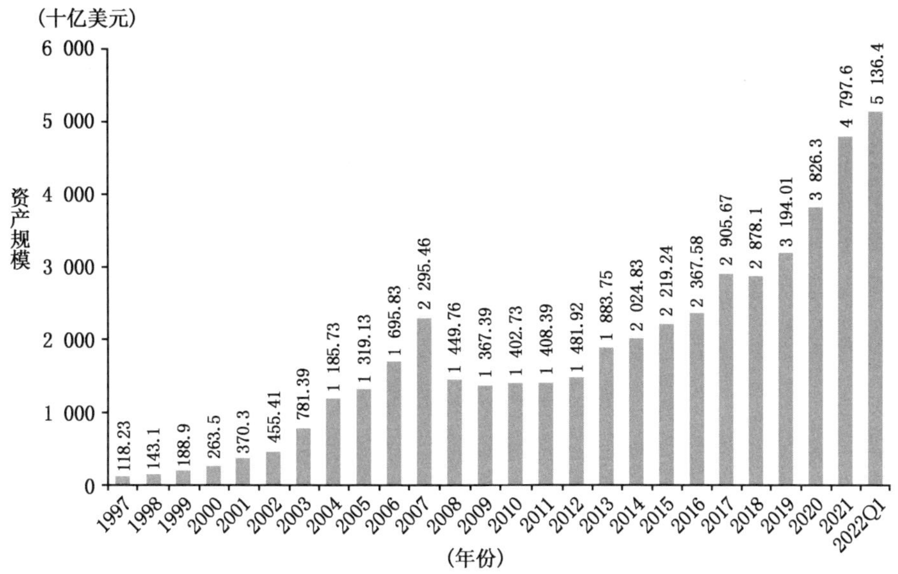

资料来源:Statista。

图 1—1 1997 年以来全球对冲基金规模

1.3 21 世纪挑战与机遇并存

21 世纪的前十年,对冲基金风靡全球。在 2001—2006 年的 5 年里,对冲基金的资产从 3 700 多亿美元增长到 1.7 万亿美元,5 年增长率达到 360%。2007 年底,全球对冲基金持有的资产总额已达近 2.3 万亿美元。然而,2008 年的次贷危机使对冲基金受到重创,价值缩水。

21 世纪首个 10 年里,对冲基金行业的监管方式发生了重大变化。尽管监管机构加强了审查,但对冲基金从全球金融危机中顺利反弹,行业资产再次超过 2 万亿美元,截至 2019 年超过 3 万亿美元。

2020 年 3 月新冠疫情暴发引发市场崩跌,全球对冲基金的产业规模更是自 2016 年第三季度以来首次下跌到 3 万亿美元以下。然而之后随着疫苗的推出、美国大选的明朗化,推动了投资者的乐观情绪,2020 年对冲基金规模达到近

3.83亿美元,实现了年度回报率11.8%,表现突出的是多/空对冲基金,但表现仍落后于标普500指数。

2021年疫情延续影响市场继续震荡,通货膨胀加速和利率上升带来双重挑战,更有行为难以预测的散户交易者涌入市场支持"网红股"。对冲基金在很大程度上学会了在央行购债的浪潮中顺势而为,并从各种市场趋势的起伏中寻求机会,如企业交易的激增、债券市场的潮起潮落,以及各经济体大面积封锁和重新开放,从这些机会中寻找股市的赢家和输家。这一年对冲基金总资产首次突破4万亿美元,也就是自2020年第一季度跌破3万亿美元以来,对冲基金行业总资本在过去七个季度中飙升了1万亿美元以上,并实现了10.3%的两位数的年度回报,超越行业整体表现,是2009年以来的第三好的表现。业绩和资产收益主要来自股票、事件驱动以及一些主题和趋势跟踪定量CTA等策略的基金。

步入2022年,受到通货膨胀、地缘政治紧张局势和俄乌冲突的惊吓,截至2022年第二季度,投资者从对冲基金中撤出320亿美元,是疫情开始以来出现的最大资金流出。然而,不相关的宏观策略以及量化、趋势跟踪的管理期货(CTA)策略在第三季度创下了历史新高,应对了利率急剧上升、全球经济衰退的可能性增加、地缘政治风险飙升至创纪录水平所带来的极端市场波动。负相关的宏观收益抵消掉部分定向和高贝塔策略的疲软。

展望未来,波动性回归以及人工智能(AI,Artificial Intelligence)的强势"入侵"使得对冲基金行业孕育着无数机遇。对冲基金行业将如何变化?如何通过各种灵活的策略来捕捉价格和价值的偏差?接下来的章节将详细阐述。

2

对冲基金的分类

2.1 主要策略:大宗商品交易

大宗商品策略投资于那些推测具体大宗商品市场价格的衍生品。这些策略经常寻求现货价格与期货价格之间的差异。基金经理通常以大宗商品期货合约的形式使用杠杆。大宗商品交易基金主要专注于农业、能源、金属或自然资源等领域。

子策略:农业聚焦策略

农业聚焦策略依赖于对市场数据、国际关系和环境影响的评估,因为它们主要与软大宗商品市场有关(软大宗商品指小麦、大豆、玉米等粮食或畜牧产品)。农业基金可基于基本面分析、系统分析或技术分析进行交易,并能在发达国家和新兴市场同时分配。

子策略:泛领域基金

泛领域基金投资于那些推测某一具体板块的大宗商品价格的衍生品。虽然根据基金经理不同的专业知识,泛领域基金可能会具有特定的主题(比如地理区域、行业等)，但这些基金并不仅限于某一资产类别、地理区域、方法或投资重心。相反，基金经理有更大的自由度采用各种方法来生成阿尔法(超额收益)，通常会采用自下而上的方式来实现价值最大化的投资。

子策略：能源聚焦策略

能源聚焦策略主要依赖于对能源大宗商品市场的数据、国际关系和环境影响的评估。投资组合的构建主要选择原油、天然气和其他石油产品。能源聚焦型基金可基于基本面分析、系统分析或技术分析进行交易，并可以在发达国家和新兴市场同时分配。

子策略：金属聚焦策略

金属聚焦策略主要依赖于对金属大宗商品市场的数据、国际关系和环境影响的评估。投资组合的构建范围可以从贵金属(如金、银和铂)到诸如铁、铜和铝等卑金属。金属聚焦型基金可基于基本面分析、系统分析或技术分析进行交易，并能在发达国家和新兴市场同时分配。

子策略：综合策略

采用综合策略的大宗商品基金一般在不直接投资于相关的大宗商品的情况下，寻求平衡大宗商品市场的风险敞口。这种风险可以通过期货合约等衍生品获得。举个例子，基金经理可以通过交易粮食、小麦和玉米期货合约来创造一个综合策略的农业大宗商品基金。这类基金可基于基本面分析、系统分析或技术分析进行交易，并能在发达国家和新兴市场同时分配。

子策略：自然资源聚焦策略

自然资源聚焦策略基金在很大程度上依赖于对自然资源大宗商品市场的市场数据、国际关系和环境影响的评估。投资组合的头寸构建主要选择天然气、金属和农产品。这类基金可基于基本面分析、系统分析或技术分析进行交易，并能在发达国家和新兴市场同时分配。

2.2 主要策略：股票多空

前文提到的琼斯建立的世界上第一只对冲基金使用的就是股票多空策略。这个策略是指基金经理通过购买被低估股票的多头头寸和被高估股票的空头头寸来构建投资组合。基金经理将利用空头头寸抵消多头头寸风险敞口带来的影响来降低市场风险。在这种策略下，基金经理可转换投资方向和风格，如价值型或成长型、中小市值或大市值、净多头或净空头等。基金经理可以使用期货和期权来进行对冲，投资重点可能是区域或特定行业。这些策略的净风险往往是市场长期的风险。

子策略：100%敞口净多头策略

100%敞口净多头策略同时利用多头和空头头寸，总市场风险敞口保持在100%，净风险敞口则通过使用衍生工具和空头头寸改变投资重心来控制。

子策略：纯多头策略

纯多头策略基金是指在证券投资组合中只持有多头头寸。采用该策略的基金经理希望通过对单个证券的技术性分析和基本面分析来产生超额收益，试图找出被低估的投资。在这种类型的投资组合中，可能购买多头头寸、衍生合同和其他替代证券。

子策略：市场中性策略

市场中性策略通过在衍生工具和其他证券中构建风险敞口很小或者风险中性的投资组合，来抵消市场风险。市场中性管理者通常遵循“一个阿尔法”的规则。在这个空间的管理者创建只含一个阿尔法来源的投资组合，这不同于同时持有多头和空头的股票多空基金经理，他们所持有的每个资产都能产生阿尔法的来源。这种策略通过债券的选择来消除市场（贝塔）风险。

子策略：多重策略

多重策略基金经理持有的主要是股票及股票关联的多头和空头头寸。多重策略基金的特点是能够在几个传统对冲基金的策略中动态地分配资本，并且能够根据市场机会在这些策略之间重新分配资本。

子策略：板块聚焦策略

板块聚焦策略也称为板块聚焦的多头/空头策略，试图通过主要投资于特定行业板块或市场分支来产生回报。板块聚焦策略基金购买的证券的范围包括能源、科技和运输业等。

策略风格：非必需品行业。这个行业主要投资提供非必需大宗商品和服务的企业，包括零售商、媒体公司、服务业公司、耐用消费品公司、服装公司以及汽车公司。与销售食品和药物等必需品的行业相反，非必需品行业在经济运行良好时表现得更好。

策略风格：必需品行业。必需品行业主要投资提供必需大宗商品和服务的企业，包括出售食品、饮料、烟草、处方药和家庭用品的公司。由于这些产品是必需品，这一行业在几乎所有的市场条件下一般都表现良好。即使在最恶劣的市场条件下，消费者仍然必须购买这些产品。

策略风格：能源行业。能源行业主要投资和生产或供应能源有关的企业。这包括参与勘探和开发石油或天然气的储备公司、油气钻井公司或综合电力公司。这个行业主要受全球能源供需的驱动，因此在石油和天然气价格高的时候，能源行业会表现优异，但是在需求下降的时候收益会减少。

策略风格：金融行业。金融行业主要投资向商业客户或散户提供金融服务的企业，包括银行、投资基金、保险公司和房地产业。该行业主要通过抵押借款和贷款获得收入，因此在低利率和流动性充足的市场环境下表现最佳。

策略风格：医疗保健行业。医疗保健行业与医疗保健品或服务有关。该部门包括医院、健康维护组织、生物技术和各种医疗产品。由于这些服务是至关重要的，人们在经济衰退期间仍然需要医疗援助，这些服务是至关重要的，因此该行业对商业周期波动较不敏感，通常被认为在本质上具有防御性。

策略风格：工业行业。工业行业专注投资包含与建筑和制造相关的股票。收益主要靠对建筑施工的需求和建筑业制成品的需求来驱动。

策略风格：信息技术行业。信息技术行业投资的股票通常与信息技术的研究、开发和分布有关，关注于有信息处理技术方面需求的消费者和企业，包括计算机软件、信息系统、计算机硬件和编程。

策略风格：多行业。综合不同行业的股票来创建投资组合的策略。在这个领域的经理人能根据当前的市场状况和分析，在各种股票市场(即技术、工业、金融等)买卖股票。

策略风格：电信服务行业。电信服务行业专注投资生产电话和提供互联网产品、服务和技术的上市公司，包括电信服务提供商、网络运营商、监管机构、制造商、订购商和用户。

策略风格：公用事业行业。公用事业行业主要投资包括燃气、水和电力等公用事业类的股票。由于公用事业需要大量的基础设施，这些公司经常承担大量的债务，因此公用事业公司对利率变化敏感，随着这些利率的上升或下降，债务将增加或减少。当利率下降或处于低位时，公用事业部门表现更好。

子策略：做空/空头偏好

使用做空策略的基金经理利用分析手段来评估公司的价值，以便识别价值被高估的公司。基金经理一般会采用基本面分析或技术分析的方法，一旦公司被鉴定为股价虚高的公司，他们就会卖空该股票。这种策略在股票市场整体比较悲观时可以盈利，并可以在市场回调和其他财政缩减期间保护投资组合。

子策略：统计套利

统计套利策略使用量化投资方法，运用统计分析工具对一组相关联证券的价格历史数据进行研究分析以指导套利交易。关联证券可能是按照资产类别、部门或行业等依据来划分的。这种策略的核心思路是两种价格不同的类似证券将在投资持有期间收敛于相同的价值,而这些价格异常通常仅在短时间内发生。因此,统计套利具有非常高的周转率和短持有期的特点。

子策略:可变净风险敞口

可变净风险敞口策略是多头/空头股票策略中基金经理有能力调整多头和空头的权重而不设定目标敞口的一种,在这种情况下,基金经理根据当前和预测的市场情况调整多空权重来减少或增加风险敞口。

2.3 主要策略:保险策略

保险策略在保险相关的资产(如再保险证券和巨灾债券)中建立多头头寸或空头头寸。保险策略是尾部风险事件驱动型的策略,基金经理寻求那些所在市场会被某催化事件显著影响的证券。保险策略可能分散在各种类型的保险资产中,或者会被限制于特定的类别,如天气、人寿保险或巨灾债券。这类策略的回报通常与市场无关,因为它们是孤立事件的产物。

子策略:泛保险策略

泛保险策略在多个保险行业的相关资产中采取多仓和空仓。与其他保险策略不同,这些资金不仅限于一个特定的保险行业或地理区域,而是可以通过各种保险资产进行多元化以寻求回报。这类策略的回报通常与市场无关,因为它们是孤立事件的产物。

子策略:巨灾债券

巨灾债券策略是投资保险公司发行的债券。投资回报与特定自然灾害在一定时期(通常为几年)内发生的概率有关。在这种情况下,可以通过直接投资或交易衍生工具(期权或期货合约)来获得敞口头寸。这类资产的波动完全独立于经济环境,与其他资产的相关性也很低。

子策略:行业损失担保

保险业损失赔偿(Industry Loss Warranty,ILW)策略投资于再保险或衍生工具合约,通过这些合约,投资者可以购买保护。ILW 的偿付取决于两个触发条件:购买者的实际损失和整个保险行业的损失。当行业出现整体损失时,通常表现为系统性风险,合同的买方也极有可能发生损失。只有两个条件被同时触发时,合同的买方才能获得指定的赔付。

子策略:人寿保险

人寿保险策略在人寿保险相关资产中建立多头或空头头寸。这是事件驱动型策略,基金经理根据人寿保险政策何时开始向受益人付款来决定投资时机。人寿保险策略的回报通常与市场无关,因为这些投资组合是以对特定事件的推测为依据来构建的。

子策略:天气保险

天气保险基金构建与天气风向管理相关的证券投资组合。天气衍生品是在交易所交易的合约,其价值取决于温度、降雨量等天气指数变量。允许买方在潜在的天气指数向指定方向变动时获得收益。这类基金还将投资于与天气相关的保险合同,以预防洪水、飓风、暴风雪等事件带来的损失。

2.4 主要策略:多策略基金

多策略基金的特点是能够在各种策略之间分配资本,由于每种策略都有其优势和劣势,在这种组合下可以平滑单一策略的风险,实现更稳健的投资。多策略基金经理通常可以在预定义的风险限制范围内自由运作,可灵活调整策略以适应市场。在避险情绪上升的情况下,多策略基金中流动性高的资产可能被首先赎回来对应客户的赎回,这会导致低流动性资产占比升高,风险因子更集中。因此，这类复杂策略的基金会对客户的投资经验、损失承担能力、投资门槛或期限设置一定的要求。

子策略：泛多策略基金

泛多策略基金在设定的目标下采用了多种策略。相对而言，普通多策略基金具体取决于基金经理的专业知识可能会具有特定的主题（比如地理范围、行业、产业等），而泛多策略基金就并不局限于资产类别、地理区域、方法或投资重点。相反，他们有更大的自由度采用各种方法来生成阿尔法。

子策略：集中多策略基金

集中多策略基金保持在少数几种策略中分配资本，可以通过有效的投资组合来消除大部分系统风险。然而，集中多策略只针对一小部分具有共同特征的证券（即被低估的公司），这类基金本质上往往更为波动，因为持有的敞口头寸较多。

子策略：市场中性多策略基金

市场中性多策略基金采用几种策略来构建多头和空头头寸以对冲市场风险。这种市场风险不仅来自一般股票市场，还来自行业风险。这些投资组合通常被设计成仅有一个阿尔法来源，并致力于消除贝塔风险。基金管理人员对这类投资组合的搭建主要侧重于股票市场或某一行业的债券选择。一般来说，这种策略多仓和空仓相等，以保持风险中立。因为净头寸的回报可能不高，管理者可能会使用杠杆来提高收益。

2.5 主要策略：房地产多策略基金

房地产多策略基金采用的投资理念基于对资产估值的差异，这类资产包含对房地产（商业用房或住宅）的直接投资或通过房地产投资信托（REITs）的间接投资。这种策略通常使用基本面分析方法分析当前金融产品，来识别有吸引力的风险利差。

子策略：夹层融资

夹层融资策略基金为房地产投资提供过桥融资，以填满金融资本的缺口。夹层融资的一个例子是，地产投资者想要投资建造仓库，他自己能支付20%的成本，银行能贷款支付60%的成本，而夹层债务则让基金经理能填补上剩余20%的资金缺口。夹层债务通过私人发行的证券提供融资，而这些证券常常既含有债务，又含有股权。夹层证券可以是可转换债务、高级或次级债务、普通股、优先股或认股权证。

子策略：房地产套利

房地产套利策略投资于潜在的错误定价的衍生证券和其他金融工具，被投资对象应当具有直接或间接的房地产行业的风险敞口，后者又被称为房地产投资信托基金(REITs)。基金的投资重点可能是商业、住宅或两者的结合。基金经理的主要目标是利用房地产和金融市场价格机制的失灵来获利。

2.6 主要策略：多头/空头信贷

顾名思义，多头/空头信贷策略是利用多种全球信贷资产的多头或空头头寸来寻找价格异常。大多数多头/空头信贷策略与基准不同，回报来自基金经理对信贷质量的判断，而不是广泛的市场风险。当经济处于信贷周期的后期阶段，信贷质量尤其重要。

多头/空头信贷策略通过使投资者的回报来源多样化来减少波动。基金经理可以通过对冲各种风险，包括信贷和利率风险来做到这一点。另一个潜在优势是卖空债券时投资者的损失会有上限，因为随着债券更接近到期日，二级市场交易趋于枯竭，其价格最终会回到票面价值，而卖空方的损失上限就是该债券的票面价值。

股票有所不同，卖空股票的投资者面临潜在的无限损失，因为股票价格的上涨是没有限制的。未来,这一策略将继续欢迎具有创新性的产品和基金经理,也将继续是不相关回报的沃土。不过该策略的劣势是,当有些参与者决定在同一时间解除交易时,某些工具中市场广度的缺乏也可能是令人痛苦的。

子策略:资本结构套利

资本结构套利策略投资于公司资本结构内的多种资产类别。回报是通过利用公司债务结构中的定价低效来产生的。该类策略的经理会做多低估的债券,同时做空高估的债券,并期望价格会收敛于市场价格。

子策略:可转债套利

可转债套利策略寻找相似证券的定价差异,其具有作为错误定价组成部分的可转债的固定收益特征。经理一般会投资同一发行人的可转换和不可转换证券。

子策略:多头/空头交易

多头/空头策略在被低估的债券和高估的债券中分别采取多头和空头策略。经理将利用这些头寸来平衡现有交易抵消风险以获得风险中性。这些策略往往是净多头,使用空头策略的目的是对冲信贷紧缩的风险。

2.7 主要策略:事件驱动

事件驱动的投资策略力图提前挖掘和分析可能造成证券价格异常波动的事件,通过充分把握交易时机来获取超额投资回报,常被养老基金和其他机构投资者使用。事件驱动的投资者使用基本面分析和复杂的套期保值策略来试图捕捉事件对证券价格的影响,同时分离出其他受市场变化的因素。这种高度专业化的投资方式也是对冲基金的重要策略之一。事实上,根据对冲基金研究公司(Hedge Fund Research Inc.)的数据,事件驱动策略在2020年管理着5 900亿美元,占对冲基金总资产额的19%。

子策略：维权投资

采用维权投资策略的经理考察治理不善的上市公司并积极地推动改变。这些策略在改变公司董事会组成方面是有效的，并且通常能够说服现有管理层在公司结构上采取他们的建议。这类策略和市场收益的相关度(贝塔)比较高，因此不适合已经有很大市场风险敞口的投资人。

子策略：不良信贷

不良信贷基金旨在面临财务困境、破产或大企业重组的公司的债务中建仓。大多数不良信贷资金结合使用卖空、资本结构套利以及参与破产程序等方法，以发现极其被低估的证券。不良信贷的投资回收期比较长，基金希望投资人长期持有，因此会降低申购赎回的频率，比如半年一次。

子策略：并购套利

并购套利策略侧重于考察目前已宣布但尚未完成的交易中的股权和股权挂钩证券。基金经理购买将要被收购公司的股票，并出售作为收购方的公司的股票。这一策略试图在合并完成后捕捉合并公司的当前市场价格与这些公司的预期价格之间的价差。这类策略与市场收益的相关度很低，因此适合于想降低市场风险敞口的投资人。

子策略：多策略事件驱动

多策略基金囊括了各种事件驱动策略，也是最受欢迎的一种事件驱动策略。这类策略与市场收益的相关度比较低，但需要基金公司有多方面的资源和技能，所以通常是大型对冲基金提供的策略。

子策略：私募/规定 D

规定 D 允许对冲基金向成熟或机构投资者发行私人募资，以非公开的形式发行,避免了《1933 年证券法》的注册问题。这类证券可以出售给不限数量的认可投资者,但一次发行只能有不超过 35 名非认可投资者。《1933 年证券法》规则 501(a)设定了认可投资者的定义条款。基本上,认可投资者被定义为总资产超过 500 万美元的机构投资者或组织,或者个人或联合净值在购买时超过 100 万美元,或者最近两年年收入大于 20 万美元,或者投资者个人与配偶有超过 30 万美元的共同收入。

子策略:特殊情况

特殊情况策略基金主要投资于公司证券或者与参与或即将参与任何特殊情况的公司有关的证券。这个策略特指基金经理预见在特殊情况下有利可图的证券,而不是通过基本面分析而选择的。这些投资机会包括潜在的未公布的公司分拆、招标、兼并和破产程序等情形,通常不是长期的。

2.8　主要策略:宏观

宏观基金分配在全球股票、固定收益和货币市场,希望通过洞察全球利率和宏观经济政策等市场因素的重大转变而产生回报。宏观策略通常会使用衍生品和杠杆来加强市场变动对投资组合的影响。这些交易通常是基于整体的经济情况和政治观点。

子策略:CTA 管理期货

商品交易顾问(CTA)管理期货是把基金投资于商品市场中的期权、期货或掉期交易的策略。CTA 策略通过各种衍生证券投资多种商品,兼顾多头和空头。该策略可以特别关注以下方面:农业、自主研发、能源、金属或系统化交易。

子策略:主观型宏观策略

主观型宏观策略依赖于基本市场数据,采用宏观经济的、自上而下的投资方式。经理将在发达市场和新兴市场频繁交易，重点是评估股票市场、利率、货币和商品的绝对价值与相对价值。当有机会找到其价格与预期价格不一致的投资时，通过差价获益。

子策略：固定收益相对价值（FI-RV）

固定收益相对价值（FI-RV）基金寻找市场的利率异常。基金经理通常会购买一种固定收益证券，同时出售一个类似的证券，以期望在投资持有期间两种证券的收益率和最终价格会趋向一致。这类基金的投资包括政府债券、利率掉期和期货合约。

子策略：外汇（FX）

外汇策略基金在全球市场上用一种货币交易另一种货币，其货币几乎每天24小时进行交易。日益全球化导致外汇交易数量大幅增加，因此外汇市场实质上是最大、最活跃的金融市场，日均交易数量达数万亿美元。根据国际清算银行的数据，2022年4月以后国际外汇市场的日交易量达到了7.5万亿美元的最高纪录。地缘政治事件和部分国家的升息周期，推高了外汇交易的活跃度。

子策略：全球战术性资产配置（GTAA）

GTAA战略将全球宏观战略的各个方面与战术分配方法相结合。GTAA资金通过在多个资产类别（例如全球股票、债务和货币市场）中获得多头和空头头寸来获得收益。基金经理会对这些头寸实行风险控制，并且充分分散化。基金经理会根据对预期业绩的短期预测，在投资组合中调整资产类别的权重。

子策略：系统性宏观

系统性宏观基金的经理使用量化模型来确定市场中某个资产类别或某个证券表现趋势的机会。这类策略采用定量方法，侧重于对流动性市场中资产回报的统计或趋势模式的分析。这些策略通过识别个别证券的趋势模式，并通过购买更多的流动性证券以允许较短的持有期而获益。

2.9 主要策略：利基

利基策略基金旨在通过增加市场催化剂的敞口来进一步实现投资组合多元化，而市场催化剂难以通过其他方式直接获取。这种敞口通常考验的是基金经理把握投资进入和退出时间的能力或投资方面的专业知识。基于基金经理的专业知识，这些策略可以具体针对某个产业、行业或区域。

子策略：直接贷款

直接贷款利基策略以面值发行新贷款，而不是在次级企业债务或贷款市场上以折扣购买贷款或债务。这些资金通常提供比典型的股本工具较短的锁定期、更高水平的流动性和与担保贷款相关的下行保护。

子策略：种子/新兴经理人

种子基金策略寻求有才华的新兴对冲基金经理，他们有着非常有前途的投资策略，但缺乏资产和/或足够的追踪记录来吸引更多传统投资者的资本。种子基金经理将通过审查小型新兴对冲基金经理并在他们之间分配资本来构建投资组合，希望从新兴经理人的表现中获得回报。经理选择的可能因素包括模拟回报或行业经验。

2.10 主要策略：波动率

波动率策略将交易的波动性作为资产类别进行交易，可能采用套利、定向、市场中性或混合策略。采用该策略的基金可能有隐含波动方向的多头、空头、中性或可变风险敞口。波动率策略也可以利用上市和非上市工具来提高收益。

自金融危机爆发以来，作为对冲基金策略的波动率交易发生了巨大变化。

当时许多专营波幅基金公布了总体数据，此后，投资者已经开始看到波动率基金不仅仅是对冲波动的市场，而且也是独立的投资。这是由于熟练的基金经理已经开始证明他们可以进行多头和空头的波动操作。

隐含波动率是期权定价方式的一部分。期权的公允价格不仅反映了隐含的波动率，也反映了市场动态和供求关系。这使得套利策略成为可能，基金经理会将标的工具的预测波动(例如指数)与期权的现有隐含波动率进行比较。基金经理可以利用 Black-Scholes 模型为期权准确定价，这在一定程度上依赖于经理对波动率的预测，一个精明的经理可以利用分析来发现错误定价的机会。

基金也可以对冲隐含的波动风险，例如，风险套利者希望利用计划合并的公司股票的较窄利差。

子策略:空头波动

空头波动策略将交易的波动性作为资产类别进行交易，可能采用套利、定向、市场中性或混合策略的方式。采用该策略的基金具有隐含波动方向的空头风险敞口。空头波动策略也可以利用上市和非上市工具来提高收益。

子策略:尾端风险对冲

尾端风险对冲波动性策略一般依靠显著增加或减少的波动性而获得利润，被认为使用于极端或与均值只有几个标准偏差的市场条件中。尾端风险对冲的一个例子是购买证券的虚值买卖期权，以对冲极端波动的市场。

子策略:波动率套利

波动率套利策略通常基于现有的经验证据，常使用于当固定收益和权益衍生工具的平均隐含波动率倾向于高估实际波动性时。这类基金通常在固定收益衍生工具中持多头，并对冲头寸的市场风险(期权对冲值 Delta=期权价格的变化量/标的价格的变化量)。如果隐含波动率高于实际的波动，则套利者将从该交易中受益。

3

对冲基金筛选方法

3.1 筛选流程综述

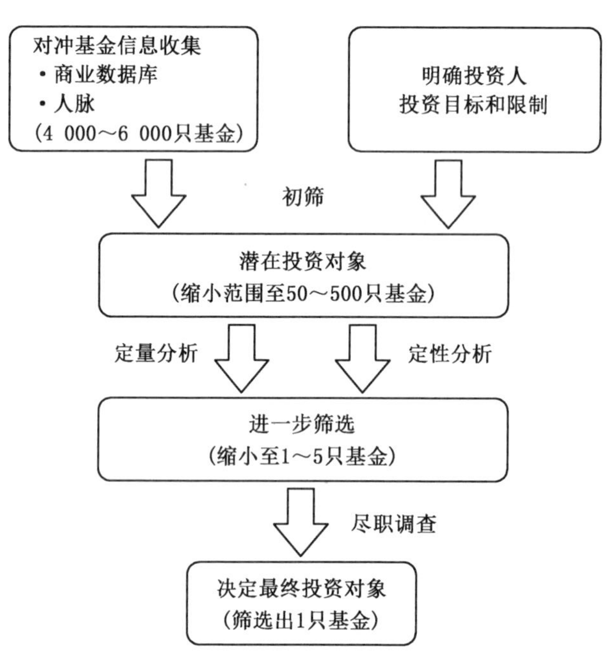

图 3—1　基金筛选流程

在讨论本章的细节之前,我们要强调对冲基金选择的困难。由于不同对冲基金策略之间的回报差距很大,而且每个策略可选的数以千计的基金都存在很大的差异。目前有上万的对冲基金对投资者开放,远远超过机构可以单独评估的量,因此构建满足其需求的有效投资组合正在成为一项紧要的任务。因此,在筛选对冲基金之前,投资者必须知道他们在寻找什么,以简化尽职调查流程,及时做出适当的决策。

在寻找高质量的对冲基金时,投资者必须明确对他们重要的指标和每个指标所需的结果。这些指引可以基于绝对值,例如过去 5 年每年超过 10%的回报,或者可以是相对的,例如特定类别中前五名表现最好的基金。

3.1.1 绝对指标

投资者在选择基金时应该设定的第一条指标是年化回报率。假设我们想要找到五年期回报超过富时世界政府债券指数(WGBI)的回报率 1%的基金。该标准将过滤掉所有在长期内不能击败该指数的基金,并且投资者可根据指数的表现来调整指标。

该类指标还将显示预期回报率高的基金,例如全球宏观基金、看多/多空基金等。但是,如果这些不是投资者寻求的基金类型,那么投资者也可制定标准差的指标。例如,我们使用 WGBI 来计算过去 5 年中该指数的标准差,假设我们为此结果添加 1%,并确定该值作为标准差的准则,那么标准偏差大于该准则的基金也会进一步被筛除掉。

不幸的是,高回报并不一定有助于确定一个有吸引力的基金。在某些情况下,对冲基金可能会采用一种有利的策略,从而将业绩推高至高于正常水平。因此,一旦某些基金被确定为高回报表现者,重要的是确定基金的策略,并将其收益与同类别的其他基金进行比较。为此,投资者可以首先通过进行同类基金分析来制定准则。例如,可以建立第 50 百分位数(中位数)作为过滤基金的准则。

投资者现在有了两个指标:年化回报率和标准差。然而,仅仅应用这两个准则仍然有太多的基金需要在有限的时间内进行评估，因此需要制定额外的准则,但是额外的准则不一定适用于所有的基金。例如,并购套利基金的筛选准则与市场中性基金不应该一样。

3.1.2 相对指标

为了方便投资者寻求高质量的基金,不仅符合回报和风险指标,而且符合与具体战略相关的指标,下一步是制定一套相对指标。相对指标应始终基于特定的类别或策略。例如,将杠杆式全球宏观基金与市场中性基金进行比较是不公平的和没有意义的。

为了制定具体策略的筛选指标,投资者可以使用分析软件包来获得同类策略的基金清单。在此清单基础上的同业分析将揭示许多统计数据,包括四分位数或十分位数排序。

每个准则的阈值可以是或低于或高于第 50 百分位数的指标结果。使用所有指标的第 50 百分位数通常会滤除掉太多的基金。投资者可以通过使用第 60 百分位数来放松准则,或者使用第 40 百分位数来收紧准则。此外,通过这种方式可以灵活调整准则,因为市场环境可能会影响某些投资策略的绝对回报。

以下是用于设置准则的主要指标列表:

- 五年期年化回报率
- 标准差
- 轧制标准偏差
- 恢复月份/最大回撤
- 下偏

这些准则将过滤掉许多基金,并留下足够多的基金用于进一步分析。投资者也可以考虑其他准则以进一步有效降低分析基金的数量,或者筛选符合与投资者附加标准相关的基金。其他准则的例子包括:

基金规模/公司规模

根据投资者的偏好,规模的指标可能是最小或最大。例如,机构投资者经常投资大量资金，因此基金公司必须具有适应大量投资的最低规模。对于其他投资者来说，一个太大的基金会面对如何使用同样的策略来匹配过去的成功的挑战，比如投资于小盘股的对冲基金一旦规模过大就会有这个问题。

业绩长度

如果投资者希望基金的最低记录为 24 或 36 个月，那么他将过滤掉任何新成立的基金。然而，有时虽然基金是新的，但是基金经理的业绩可以追溯到更长的时间。

投资门槛

这个指标对于小型投资者来说非常重要，因为许多基金的最低门槛可能使其难以实现投资策略多元化。基金的最低投资额也可以从侧面揭示基金的主要投资者类型。较高的门槛可能表示机构投资者的比例较高，而低的门槛可能表明个人投资者数量较多。

赎回条款

这些条款对流动性有影响，尤其当底层资产流动性不高时则显得非常重要。那些有很长锁定期的基金将很难被加入一个多元化的投资组合，赎回期长于一个月可能会让投资组合在管理过程中面临一些挑战。投资者可以实施一个筛选准则，当已有投资组合不太容易变现时，新选入的基金应避免长的锁定期；而当已有投资组合具有足够的流动性时，则可以放宽此准则。

3.2 基金数据库

筛选基金的第一步就要使用到基金数据库，一个可靠的数据库应该提供全面、准确和及时的信息。常用的基金数据库有：Eurekahedge，Preqin，Hedge

Fund Research(HFR),BarclayHedge,eVestment,Refinitiv Lipper。本节会介绍 3 个不同侧重的数据库。

3.2.1 对冲基金研究(HFR) 数据库

HFR 数据库是一个组织结构清晰和信息详尽的数据集,包含 1 750 多家投资公司的信息,超过 5 800 个投资产品,包括对冲基金、基金的基金、管理期货、专户、UCITS 和流动另类投资产品等。该数据库专为投资者、基金经理或服务提供商的研究使用而设计。

基金数据报告频率:每月。

数据刷新频率:原始数据文件每月更新 3 次。HFRDatabase.com 的注册用户可以查询更新的数据。

数据库格式:Excel、Access 和 ASCII。第三方软件兼容数据版本也可用。

HFR 为所有投资经理构建了一个准确、相关、稳健且现代的策略分类系统。分类系统反映了对冲基金行业策略趋势的演变,并且考虑到在市场周期中新的机遇会引导资本流向,分类系统会不断演变。该系统的目的是定义纯策略(Pure Strategy)和子策略 (Sub-strategy),这种区分进而可用于定量指数的构建。

HFR 数据库按策略分为以下六大类:股票对冲、事件驱动、相对价值、宏观、组合型基金和风险平价。

HFR 数据库按区域分为:亚洲、新兴市场为主。

除此之外,HFR 的主题投资指数是反映那些不在以上六大标准分类或区域分类范围内的基金。主题投资包括:基于公司 CEO 或是基金经理的种族和性别(例如多元化和女性指数);基于专注于特定利基市场(新能源指数)的资金的指数;跨多个子策略或地区的资金(固定收益一信用指数)。

其他 HFR 数据库子集:欧盟可转让证券集合投资计划(UCITS)基金和新成立基金。

3.2.2 BarclayHedge 基金数据库

BarclayHedge 致力于为对冲基金和管理期货领域的机构客户提供服务,主要提供业绩数据和基金组合管理的支持。BarclayHedge 基金数据库由 BarclayHedge 创建，包含全球 7 000 多个基金的信息，具有以下优势：

- 持仓、业绩、资产、费用等方面的实用信息
- 注册用户可以无限制地访问 FundFinder Pro——一个在线资金分析工具
- 每日更新月收益
- 基金主要负责人的电子邮件联系信息和传记

BarclayHedge 数据库分为四大模块：全球数据库、对冲基金数据库、管理期货(CTA)数据库以及其他特色数据库(如基金的基金数据库、UCITS 数据库等)。每个模块都可以以 Excel 表格和 Access 文件的形式下载，可排序和过滤以得到符合要求的基金。此外，BarclayHedge 还提供 2 万多个已关闭对冲基金的历史信息。

3.2.3 Eurekahedge 对冲基金数据库

Eurekahedge 对冲基金数据库拥有全球近 3 万个对冲基金的信息。该数据库分为北美、南美、亚太、欧洲、中东和非洲 5 个地区。

Eurekahedge 对冲基金数据库涵盖各种策略：套利、CTA/管理期货、事件驱动、固定收益、股票多空、宏观、多策略和相对价值。用户多为主权财富基金、禀赋和信托、保险公司、基金会、家族办公室、养老金等机构投资者和高净值人士。

使用 Eurekahedge 对冲基金数据库的投资者可以享有多种综合功能，包括：用户可以创建自己的基准指数的定制指标、将对冲基金与指数进行比较的图表工具、用于衡量对冲基金表现的高级排序工具、大量衡量风险和回报的图表。

该数据库的特点如下：

- 约 3 万个对冲基金
- 每个基金附有 130 个数据信息

- 90%的基金资产净值(NAVs)会在月底前更新

3.3 量化筛选

“你可以使用你能获得的所有量化数据,但你还是不能全信任它,必须运用自己的智慧和判断力。”

——阿文·托夫勒

在本节中,我们将扩展对基本业绩的分析,并引入最常用和最相关的业绩统计指标。我们将介绍分析每个统计量,并讨论如何使用假设的目标即对冲基金 FCM 提供的数据来解释这些统计数据。在深入研究定量细节规则之前,我们要澄清一下,“定量”、“系统化”和“基于规则”这些术语通常可以互换使用,它们代表一种投资方式,通常被认为是与“基本面分析”、“自由裁量”或“股票推荐”方式完全相反的。虽然人们常常对比“系统化”和“自由裁量”的方法,但我们强调这两类管理者追求的是同样的目标,并且都是基于基本面的。也就是说,他们可以使用非常相似的数据输入,但以不同的方式尝试实现提高投资业绩的目标。本节中,为了方便解释和分析不同的统计量,我们从真实市场中选取了 5 个基金的历史数据,并将其重新命名为 FCM、Fund 1、Fund 2、Fund 3 和 Fund 4。在选取历史数据时,本文采用了 2006 年到 2011 年之间的数据。

3.3.1 表现评估

要了解过去几年对冲基金的情况,投资者可以绘制一张表,其中包含候选基金的汇总统计数据,如表 3—1 所示。表中列出了几个关键的统计数据,包括基于绩效的回报和风险数据以及对冲基金运作的具体信息(费用、流动性等)。

表 3—1 是 5 个对冲基金的年化表现及其他关键数据。

表 3—1 **基金表现**

候选基金统计数据汇总																	
	回报(截至 2011 年 11 月)									基金/基金公司信息							
	2006 年	2007 年	2008 年	2009 年	2010 年	2011 年	年化收益	年化标准差	夏普比率	管理费	绩效费用	赎回频率	通知期限	锁定期	基金资产规模	公司资产规模
Fund 1	1.83	5.41	−32.66	55.55	19.47	−3.97	5.22	17.52	0.10	1.0%	20%	Mo	60 days	1Yr Soft	$1B	$3B
Fund 2	1.76	15.41	−22.19	26.64	7.21	−17.87	0.38	10.95	−0.36	2.0%	20%	Qtr	90 days	None	$700M	$700M
Fund 3	1.26	14.37	3.6	12.5	4.99	0.93	7.42	6.00	0.41	2.0%	20%	Qtr	65 days	None	$350M	$500M
Fund 4	−1.20	19.63	−23.87	14.92	8.11	3.6	2.98	11.21	−0.12	1.5%	20%	Qtr	30 days	1Yr Soft	$500M	$500M
Fund 5	0.41	15.93	8.18	8.00	9.75	−0.54	8.22	7.70	0.43	1.5%/1%	20%	Qtr	90 days	None/1Yr Hard	$275M	$275M
S&P 500	15.79	5.49	−37.00	26.46	15.06	1.08	2.09	17.42	−0.07							

累计收益图

累计收益是投资在一段时间内获得或损失的总额，与投资时间长短无关。以百分比展现的累积回报的计算公式如下：

(当前的投资价值－初始的投资价值)/初始的投资价值

在使用图 3－2 时，投资者应检查确认利息和/或股息是否包括在累计收益中。在计算累计收益时，可以假设这种收入被再投资或简单地计算为现金。

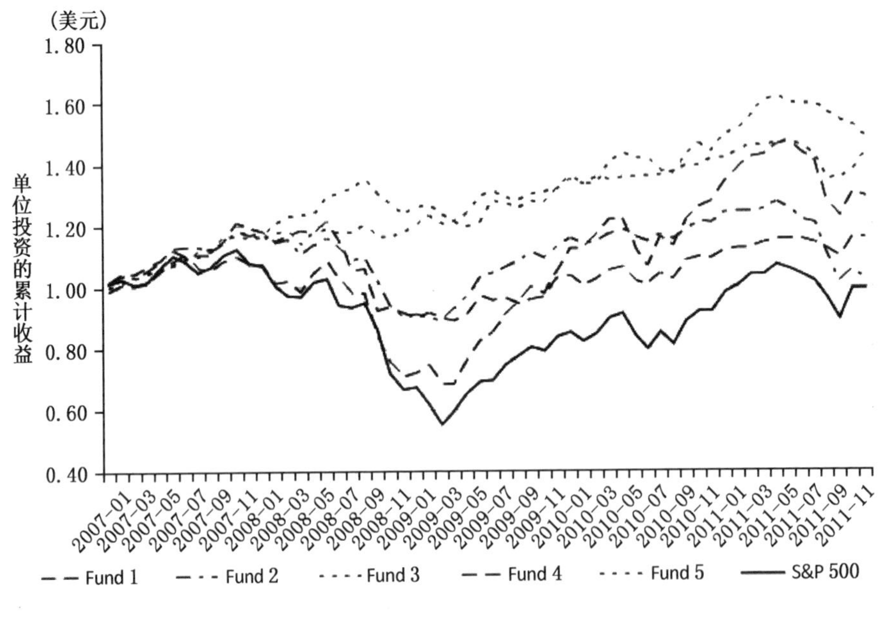

图 3－2　累计收益图

累计上升/下降表现和上升/下降比率柱状图

累计上升/下降表现将特定基金的累计回报与市场指数进行比较，以便投资者看到基金在整体市场走势下是如何表现的(见图 3－3)。

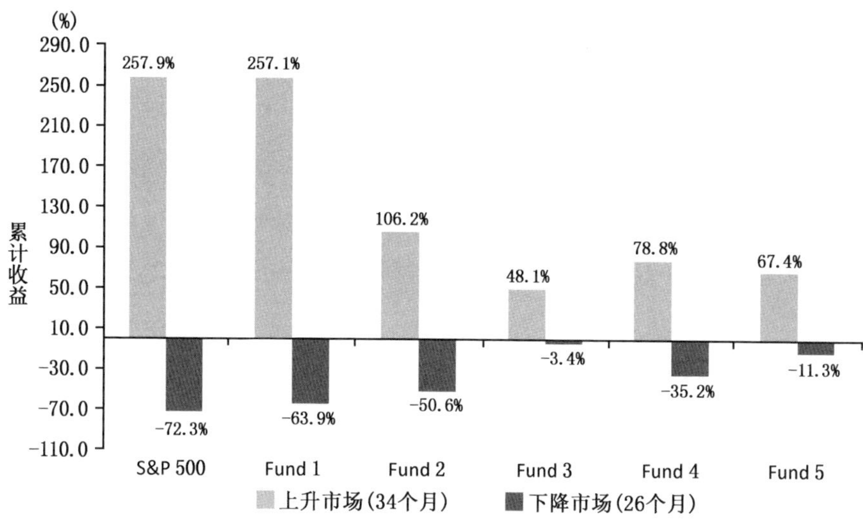

图 3—3 5 个基金累计上升/下降表现

上升/下降比率分析的是上升市场表现相对于下行市场表现绝对值的比率。在图 3—4 中，横坐标为时间，纵坐标为上升/下降比率，通过将特定基金的当前回报率除以前一阶段的回报率计算获得。

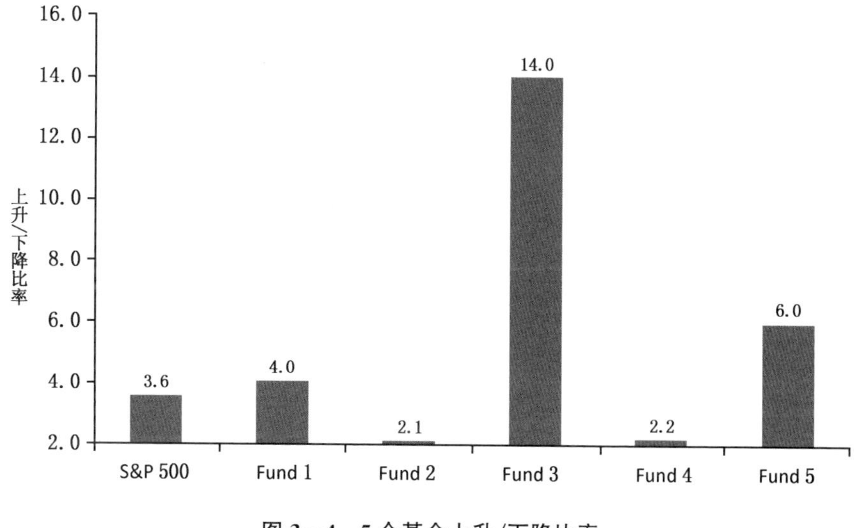

图 3—4 5 个基金上升/下降比率

 相关度表和滚动相关度图

金融与投资行业的相关度概念是衡量两个证券相对关系的统计量。相关度用于高级投资组合管理。计算出的相关系数,其值必须在－1和1之间(见表3—2)。由于相关度随时间变化,滚动相关度图可以使投资者在不同时间场景中查看基金之间的关系,从而做出更好的判断(见图3—5和图3—6)。

表3—2 **相关度表和滚动相关度表**

	Fund 1	Fund 2	Fund 3	Fund 4	Fund 5	S&P 500
Fund 1	1.00					
Fund 2	0.83	1.00				
Fund 3	0.48	0.50	1.00			
Fund 4	0.69	0.61	0.39	1.00		
Fund 5	0.42	0.46	0.24	0.39	1.00	
S&P 500	0.85	0.80	0.30	0.57	0.35	1.00

平均相关度 (Funds 1～5)	
Fund 1	0.60
Fund 2	0.45
Fund 3	0.40
Fund 4	0.52
Fund 5	0.38

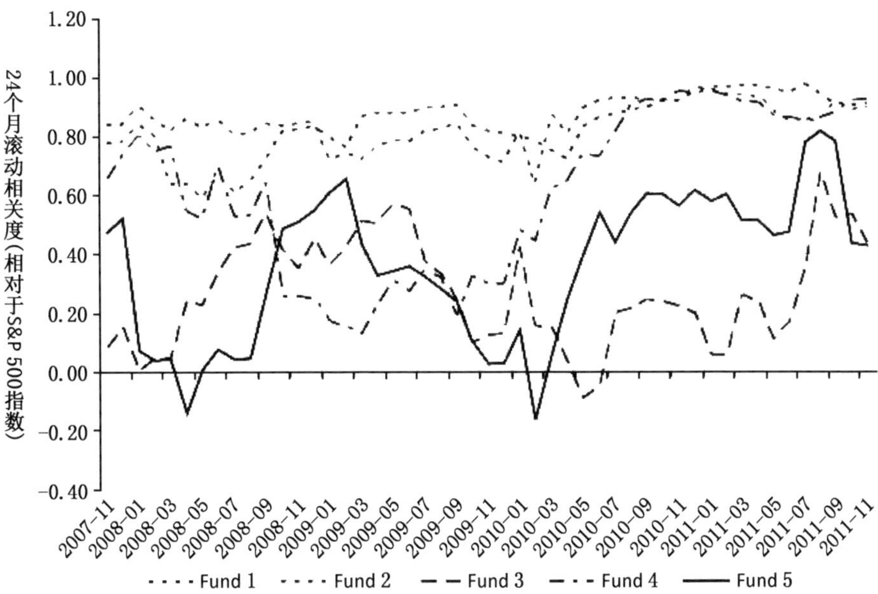

图 3—5　24 个月滚动相关度图(相对于 S&P 500 指数)

图 3—6　36 个月滚动相关度图(相对于 S&P 500 指数)

风险/回报图

对风险和回报的分析无疑是必要的，风险与回报的权衡取舍被形象地称为“能否睡个安稳觉”的测试(见图 3—7)。

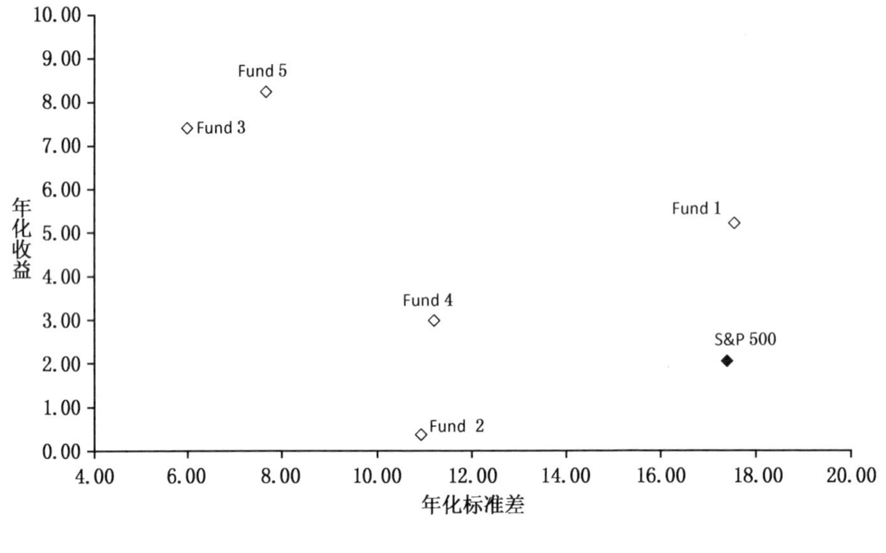

图 3—7 风险/回报图

接下来我们将扩展此分析，通过引入最常用和最相关的业绩数据来定义每个统计量，并讨论如何使用 FCM 来解释统计数据。

3.3.2 绝对收益评估

以下业绩指标使用不同的方法来突出对冲基金的表现，可单独使用或与其他对冲基金和/或基准相比较。

直方图

直方图是一种以图形方式表示收益分布的简单而有效的方法。直方图可用于绘制对冲基金收益的密度。图 3—8 对比了基金 FCM 与 S&P 500 指数的回报分布。

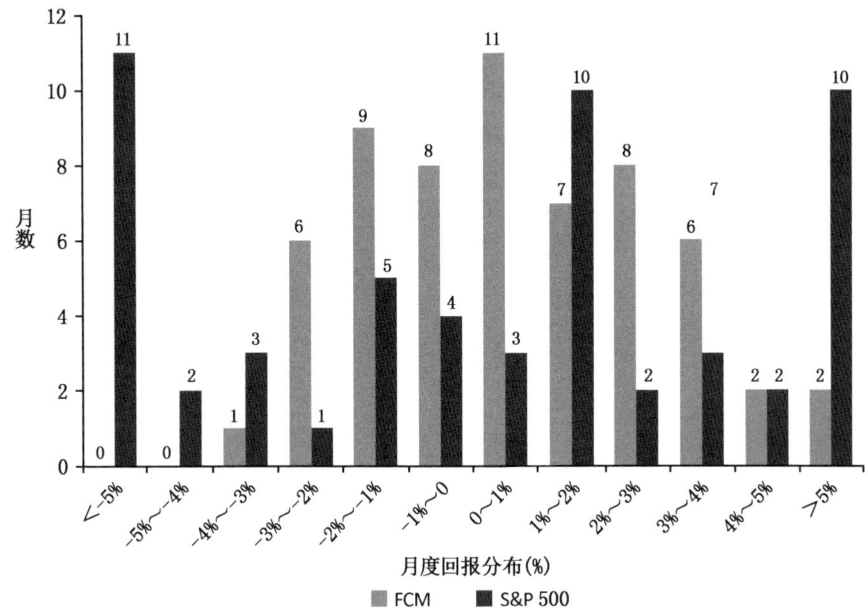

图 3—8　一年中 FCM vs. S&P 500 月收益直方图

该直方图绘制了历史月收益在－5％和 5％之间每上升 1％的分布。我们可以清楚地看到，FCM 的收益更多地分布在中间范围内（70％的回报率在＋/－2％这个区间），没有月收益低于－4％的情况。另一方面，标准普尔 500 指数在图 3—8 的两端（尾部）有较多月回报（60 个回报中有 21 个超过＋/－5％的收益）。

夏普比率

夏普比率可用于衡量每单位风险的超额收益，也可以称为收益率变动率。计算这个比率时，结果通常越高越好，这意味着更高的风险调整后的回报。其计算公式如下：

$$Sharpe\ Ratio=\frac{(r-rf)}{v}$$

其中：

r＝投资组合回报（年度算术平均回报）；

rf＝无风险利率；

v＝投资组合波动率（年化标准差）。

如图3－9所示，我们从初步数据可以发现FCM和Fund 3在整个期间表现最佳。图中的统计数据清楚地表明，它们也具有每单位风险（标准差）的最佳回报。相比较而言，标准普尔500指数和罗素2000指数的夏普比率均呈负值。

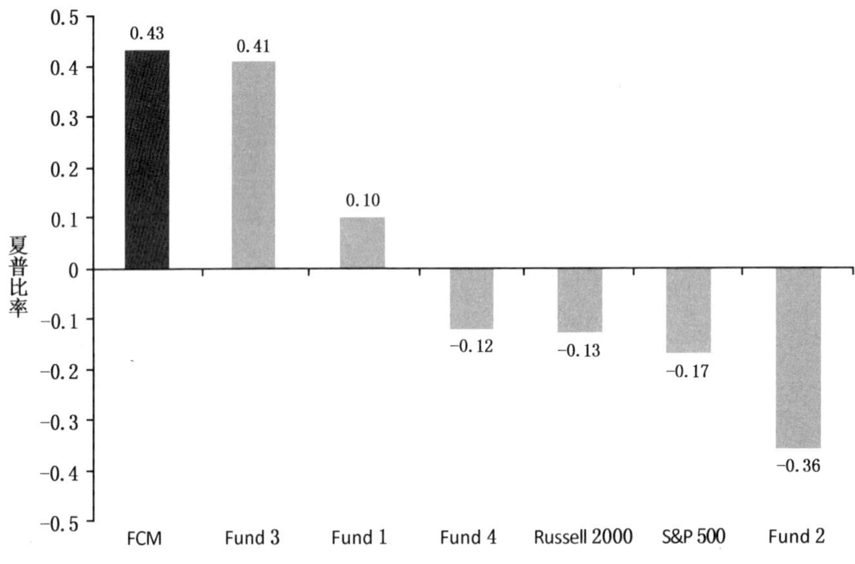

图3－9　5个基金与标准指数的夏普比率比较

M² 测度

同样地，M² 测量（以Franco Modigliani博士和Leah Modigliani博士命名）与夏普比率计算相同的信息，但其在夏普比率的基础上，按基准收益的标准差比例进行缩放。由于M² 表现为两个收益率之差，因此也就比夏普指数更容易理解。其计算公式如下：

$$M^2 Ratio = Sharpe\ Ratio \times v + rf$$

其中：

v＝基准波动率（年化标准差）；

rf＝无风险利率。

信息比率

信息比率与夏普比率相似。主要区别在于，信息比率取决于投资组合相对于特定基准的超额收益(而不是无风险利率)，并将该数字计算为超额收益相对于投资组合跟踪误差的百分比。其计算公式如下：

$$Information\ Ratio=\frac{Premium}{Tracking\ Error}$$

其中：

超额收益(Premium)＝年化投资组合回报－年化基准回报；

跟踪误差(Tracking Error)＝投资组合的收益率与基准收益率之间的差额收益。

信息比率通常被视为对冲基金经理技能的衡量标准。该统计数据衡量对冲基金每单位活跃风险取得的阿尔法。

在图 3－10 的信息比率比较中，我们可以看到对冲基金的信息比率与罗素 2000 指数和 HFRI 股权对冲指数的比较。当同时使用罗素 2000 指数和 HFRI 股权对冲指数作为基准时，FCM 和 Fund 3 比其他基金的收益更好；然而，在使用罗素 2000 指数作为基准时，Fund 1 的得分最高。

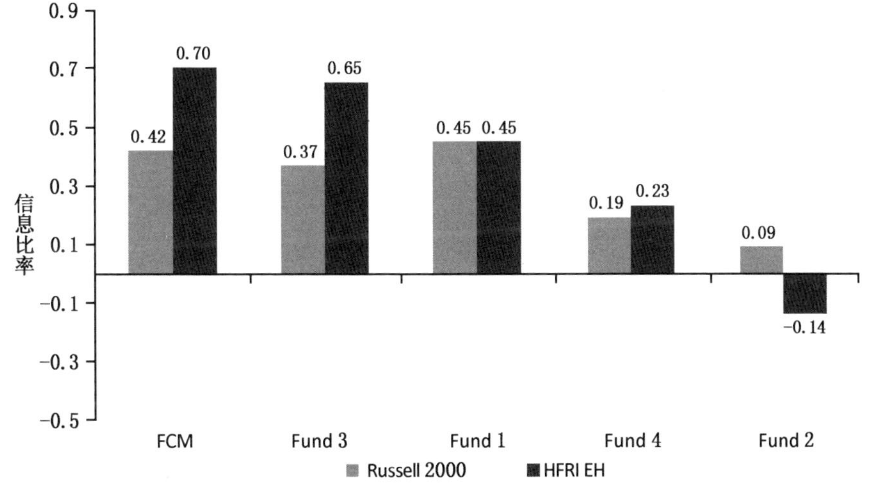

图 3－10　5 个基金的信息比率比较

 MAR 和 Calmar 比率

这两个比率用于衡量收益比下降风险。它们可使投资者通过预测潜在的机会收益和机会损失(通过将年化回报作为潜在收益,将最大回撤作为潜在损失)来衡量投资组合面对最大幅度的波动下的表现。衡量该风险时,可计算基金自成立以来的最低可接受收益(MAR)或者过去三年最低可接受收益(Calmar Ratio)。两个比率的计算公式如下:

$$Calmar\ Ratio=\frac{Portfolio\ Return}{Maximum\ Drawdown}$$

其中:

投资组合收益(Portfolio Return)为过去 3 年的年化投资组合收益;

最大回撤(Maximum Drawdown)为过去 3 年的最大回撤的绝对收益。

$$MAR\ Ratio=\frac{Portfolio\ Return}{Maximum\ Drawdown}$$

其中:

投资组合收益(Portfolio Return)为自成立以来的年化投资组合收益;

最大回撤(Maximum Drawdown)为自成立以来的最大回撤的绝对收益。

表 3—3 展示了本章引用的每个对冲基金和一些标准指数的 MAR 比率值。

表 3—3　　MAR 比率计算数据(从最高到最低排列)

	年化收益	最大回撤	MAR 比率
Fund 3	7.4	−8.2	0.90
FCM	**8.2**	**−11.5**	**0.71**
Fund 1	5.2	−38.9	0.13
Fund 4	3.0	−26.9	0.11
HFRI EH	1.0	−30.6	0.03
Fund 2	0.4	−24.8	0.02
Russell 2000	−1.3	−54.1	−0.02

从图 3—11 可见，Fund 3 具有最高的 MAR 比率，因为它的回撤（—8.2%）最小。其他 3 个对冲基金以及标准指数的 MAR 比率均较低，原因是其收益较低而回撤较大（从—25%到—54%）。

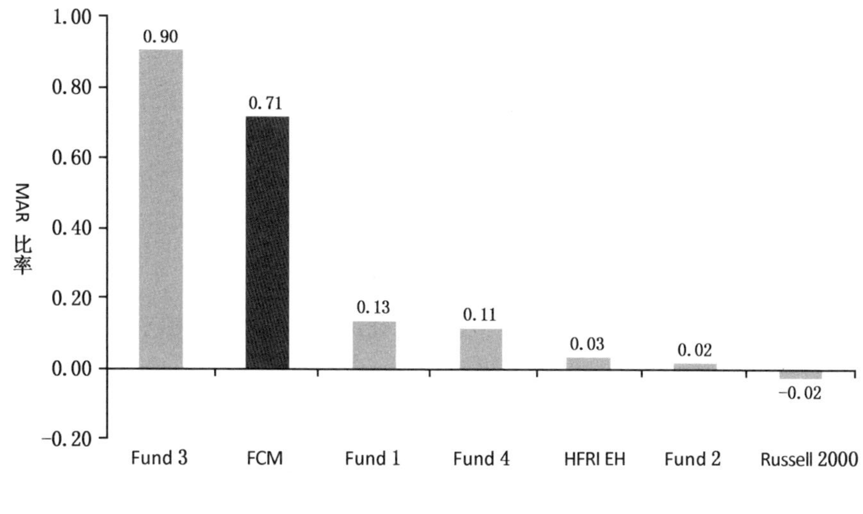

图 3—11　MAR 比率比较

Sterling 比率

Sterling 比率与 Calmar 比率相似，唯一的区别是从最大回撤中减去 10%。这是基于一个假设：无论过去有多糟糕的事情，它们将来总是会变得更糟。其计算公式如下：

$$Sterling\ Ratio=\frac{Portfolio\ Return}{Maximum\ Drawdown+10\%\ Penalty}$$

其中：

投资组合收益（Portfolio Return）为自基金成立以来的年化投资组合收益；

分母（Maximum Drawdown＋10% Penalty）为自成立以来的最大回撤的绝对收益＋10%的回撤惩罚。

在计算 Sterling 比率时，为与之前的计算保持一致，我们计算自基金成立以来的数据。表 3—4 展示了我们引用的每个对冲基金和一些标准指数的 Sterling 比率。

表 3—4　　Sterling 比率计算数据(从最高到最低排列)

	年化收益	最大回撤 +10%回撤惩罚	Sterling 比率
Fund 3	7.4	—18.2	0.41
FCM	**8.2**	**—21.5**	**0.38**
Fund 1	5.2	—48.9	0.11
Fund 4	3.0	—36.9	0.08
HFRI EH	1.0	—40.6	0.02
Fund 2	0.4	—34.8	0.01
Russell 2000	—1.3	—64.1	—0.02

如图 3—12 所示,该顺序与 MAR 比率计算的相同(因为回报和回撤数据是相同的,唯一的区别是 10%的回撤惩罚)。

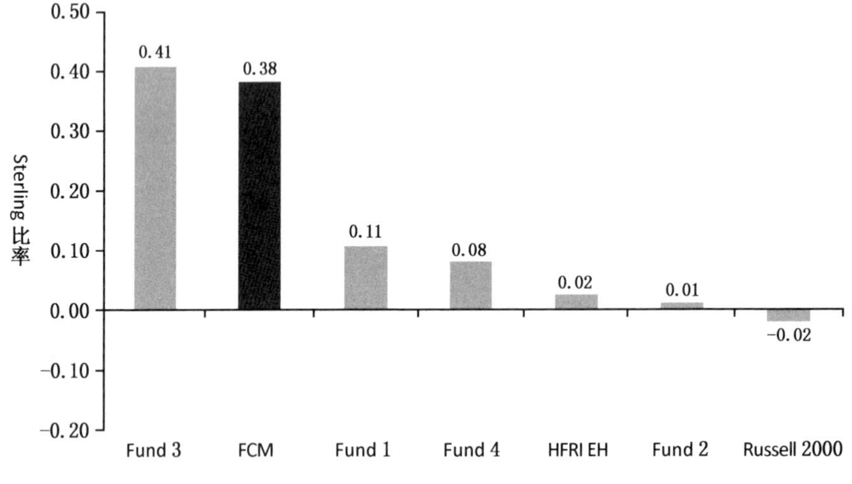

图 3—12　5 个基金与标准指数的 Sterling 比率比较

Sortino 比率

Sortino 比率(由 Frank Sortino 创建)与夏普比率相似；然而，它在其分母中用下降偏差代替标准差，并在分子中用最低可接受的回报代替无风险利率。其计算公式如下：

$$Sortino\ Ratio = \frac{\{r - m\}}{dd}$$

其中：

r=投资组合回报(期间复合收益)；

m=最低可接受回报(用户定义)；

dd=下降偏差(类似于标准偏差，但它只考虑低于定义的最小可接受回报而不是算术平均值的回报)。

因此，它与夏普比率的区别是：只处罚低于投资者指定目标收益的回报；仅测量下行波动，而夏普比率则衡量上下波动率(标准偏差是衡量总体变异性)。

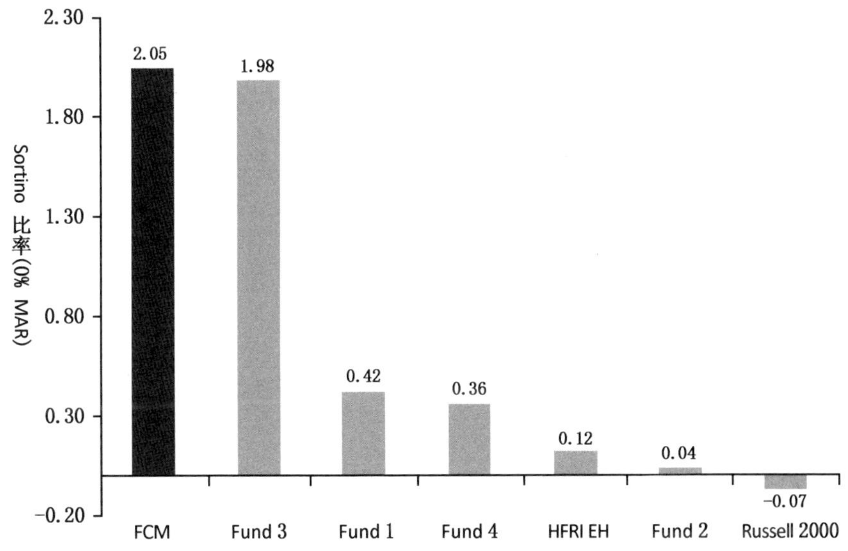

图 3-13 5 个基金与标准指数的 Sortino 比率比较

投资者可以输入任何最低可接受的回报，但考虑到我们的目的是避免亏损，我们将假设一个 0%的最低可接受的回报。如图 3－13 所示，FCM 和 Fund 3 再次处于领先。投资者可以将最低可接受的回报设置为特定数额重新计算分析，这可能会改变排列顺序。

 Omega 比率

Omega 比率不假定回报是正态分布，而是把偏态考虑进来。类似于最低可接受回报，Omega 比率通过使用实际的回报分布而不是理论正态分布来计算达到所规定的目标回报的可能性。

Omega 比率的值越高，基金达到或超过目标回报的可能性就越高。下列公式测量相对于目标回报的收益或损失的概率调整后的比率：

$$Omega(L)=\frac{int[1-F(r)],L,b}{int[F(r)],a,L}$$

其中：

$Omega(L)$＝设定一个阈值水平下的数值；

r＝投资组合回报；

L＝阈值水平；

$F(r)$＝回报的累积分布函数；

a＝回报分布的下限；

b＝回报分布的上限。

Omega 比率可以计算离散的时间段，或者可以创建一个滚动分析，以更好地评估管理人的表现。图 3－14 形象地展示了 Omega 统计量运用到每只基金的结果。

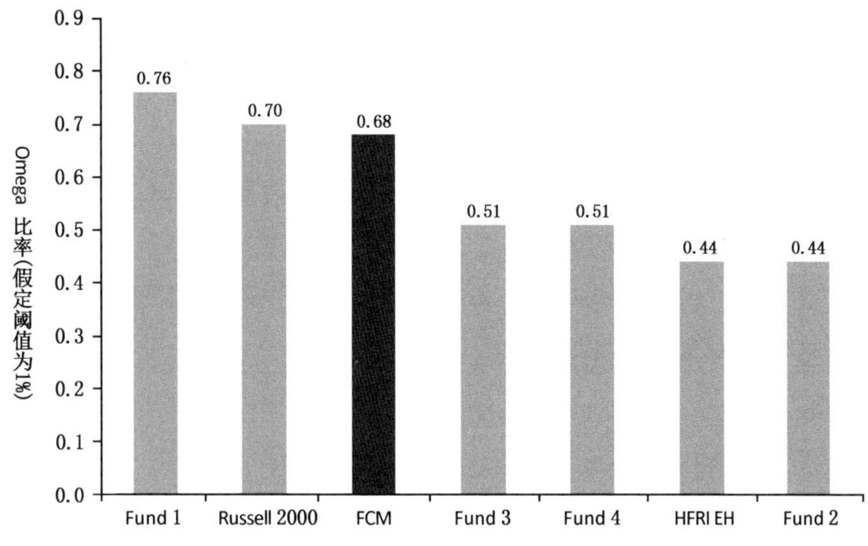

图 3—14　5 个基金与标准指数的 Omega 比率比较

3.3.3　绝对风险评估

下面各项风险指标衡量了单个对冲基金的收益波动或与其他对冲基金和/或基准相比较时的差异。

标准偏差

这是用于衡量对冲基金的回报变动及其基准的最常用统计数据之一。具体来说,它度量平均值周围的分散程度。标准差的计算依赖于正态分布的假设。假设一组数据正态分布意味着数据中的大多数接近于平均值,而相对较少的数据处于极端。

标准偏差可以认为是"均值的平均值"。当标准偏差低时,分布的钟型曲线将变得陡峭;当标准偏差高时,曲线将变得更平坦。其计算公式如下:

$$Standard\ Deviation=\sqrt{\frac{Sum(r-avr)^2}{n}}$$

其中：

n＝回报的数量；

r＝时期投资组合回报；

avr＝平均投资组合回报。

我们也可以衡量收益的标准偏差和损失的标准偏差。前者衡量正回报的偏差，后者衡量负回报的偏差。

如图 3－15 所示，Fund 3 和 FCM 的标准差水平最低，而 Fund 1 和罗素 2000 指数则呈现出较高的标准差。

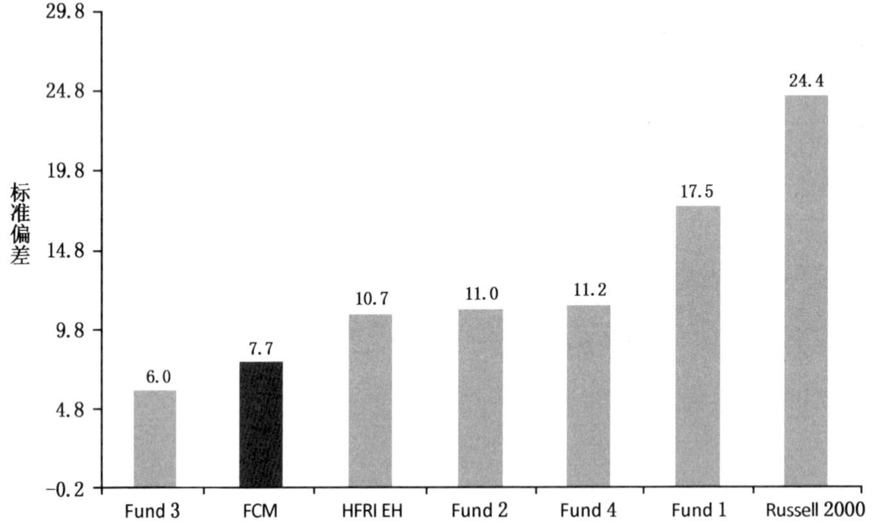

图 3－15　5 个基金与标准指数的标准偏差比较

下降偏差

该统计量与标准偏差相似，但仅使用低于最低可接受回报（MAR）的数据，而不是标准偏差中使用的算术平均值回报。例如，若 MAR 设置为 10％，则下降偏差将仅测量每个期间回报低于该数值的回报变动。这个计算方法与损失标准差不同，后者衡量每个损失回报与平均损失回报率之间的差异。其计算公式如下：

$$Downside\ Deviation=\sqrt{\frac{Sum(r-m)\ where\ r<m}{n}}$$

其中：

n＝投资组合回报低于最低可接受回报的数量；

r＝投资组合回报；

m＝最低可接受回报。

如图 3－16 所示，下降偏差比较图与标准偏差比较图类似，Fund 3 和 FCM 呈现出最低水平的下降偏差。

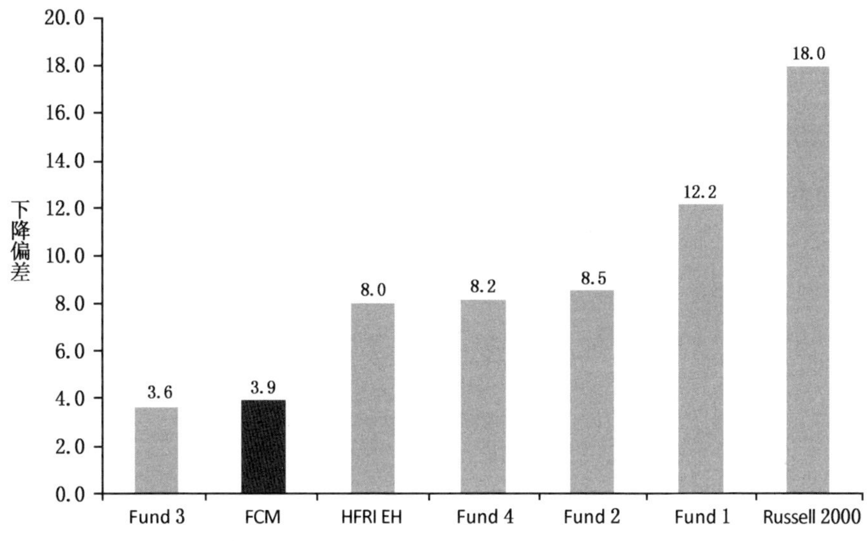

图 3－16　5 个基金与标准指数的下降偏差比较

半偏差

该统计量衡量低于平均回报的回报标准差。它的计算方法与下降偏差相似，但不同的是只考虑那些低于期间平均回报而不是最低可接受回报的数据。其计算公式如下：

$$Semideviation=\sqrt{\frac{Sum(r-avr)\ where\ r<avr}{n}}$$

其中：

n＝投资组合回报率低于最低可接受回报的数量；

r＝投资组合回报；

avr＝平均投资组合回报。

图 3－17 显示了每个基金和基准的半偏差值。

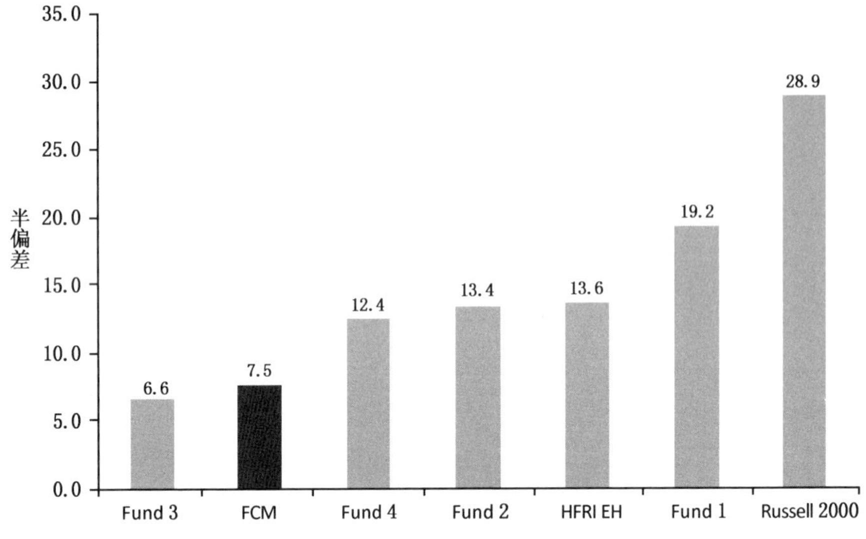

图 3－17　5 个基金与标准指数的半偏差比较

偏度

偏度衡量对称性，或者更准确地说是不对称的程度。如果数据集在平均值的左侧和右侧看起来相同，则对称。因此，正态分布的偏度为零。图 3－18 展示了基于不同类型偏度的回报分布。

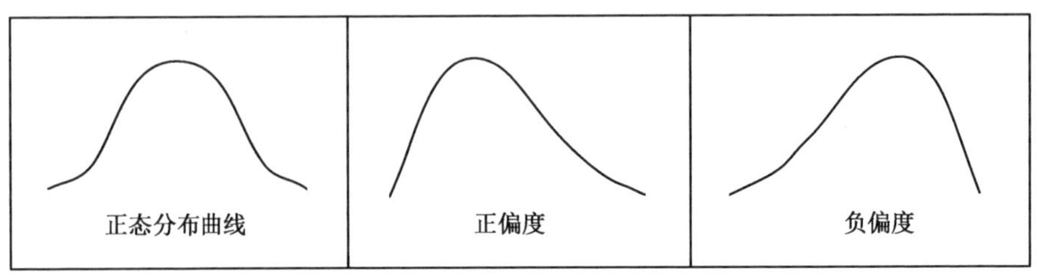

图 3－18　正负偏度直方图

正偏度:数据偏向左侧；右尾更长；损失较小(较频繁)和收益较高(较不频繁)。

负偏度:数据偏向右侧；左尾更长；损失更高(较不频繁)和收益更小(更频繁)。

其计算公式如下：

$$Skewness = \sum \left(\frac{r - avr}{Std\ Dev\ r}\right)^3 \times \frac{1}{n}$$

其中：

n=投资组合回报的数量；

r=投资组合回报；

avr=平均投资组合回报；

标准差 r=投资组合回报的标准差。

因为偏度不是像标准偏差那样以回报为单位来衡量,所以它应该被解释为回报分布的形状的量度。

偏度>0:右倾斜分布(正偏度),最大值集中在平均值左侧,数据右侧有较多极值。

偏度<0:左倾斜分布(负偏度),最大值集中在平均值的右侧,数据左侧有较多极值。

偏度=0:平均值=中位数,分布围绕平均值对称。

正偏度表明正回报大于预期,损失小于预期。当分析偏度时,重要的是要了解极端异常值可以显著影响所得到的计算。偏度可以使用不同的回报期(如月度或季度回报)计算,这也可能影响计算值。

图 3—19 显示了所选的几个对冲基金以及 HFRI 股权对冲指数和罗素 2000 指数的历史月度与季度业绩。可见,期间回报的选择(每月和每季度)对计算的统计量有很大的影响。

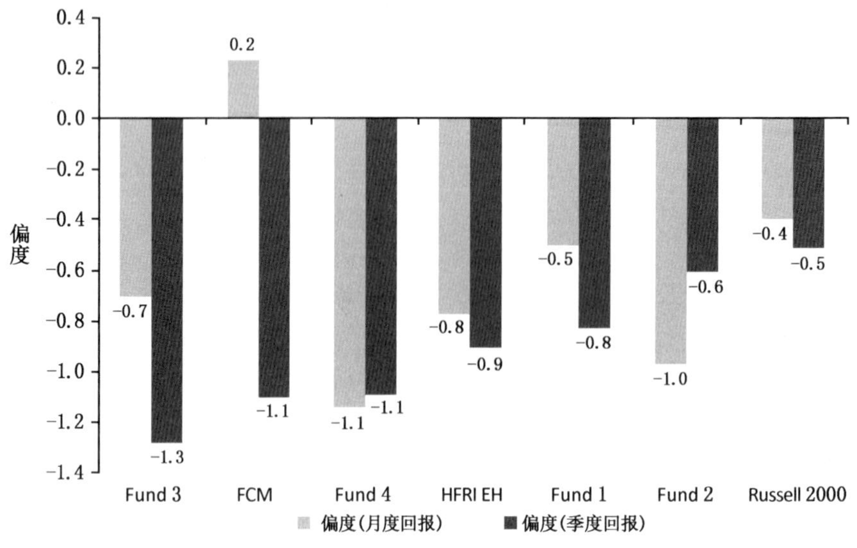

图 3—19　偏度比较

峰度

峰度是衡量数据构成的分布的峰值相对于正态分布的标准峰值突兀或平坦的水平。具有尖峰态的数据集倾向于在平均值附近具有明显的峰值，相对较快地下降，并且具有较大尾巴。具有低峰态的数据集倾向于在平均值附近具有平坦顶部。

其计算公式如下：

$$Kurtosis = \sum\left(\frac{r - avr}{Std\ Dev\ r}\right)^4 \times \frac{1}{n}$$

$$Excess\ Skewness = \left[\sum\left(\frac{r - avr}{Std\ Dev\ r}\right)\right|^4 \times \frac{1}{n}\right] - 3$$

其中：

n＝投资组合回报的数量；

r＝投资组合回报；

avr＝平均投资组合回报；

标准差 r＝投资组合回报的标准差。

峰度分析

就像偏度一样，峰度数值没有任何真正的含义；相反，它是评估给定数据集的分布形态陡峭程度的方法。图 3－20 展示了基于不同程度的峰度的回报分布。

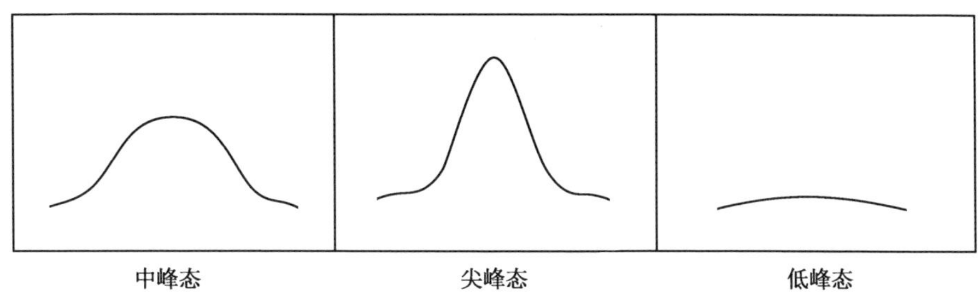

图 3－20　峰态特征比较

正态分布的峰度值为 3，这意味着在平均值的左侧和右侧有相等数量的数据点。如果某个基金的峰度值低于 3，则称其为超额峰度为负值，为负峰度。例如，如果基金的峰度值为 2，则将其标记为负峰度（因其小于 3，即使实际值为正）。当它的值高于 3 时，超额峰度被认为是正的。

在尖峰肥尾或肥尾分布的曲线中，数据分布将倾向于具有更高的峰度值，即在中心周围具有比正态分布曲线更多的数据点。在低峰态或瘦尾分布的曲线中，分布趋于平坦，中心周围的数据点比正态分布曲线更少。

峰度值＞3：正峰度，尖峰态或肥尾分布。具有更大峰值，更多数据点聚集在平均值附近；更多的是正或负的回报。

峰度值＜3：负峰度，低峰态或瘦尾分布。数据点的分布趋于平坦。

峰度值＝0：正态分布。相同数量的数据点在分布平均值的左侧和右侧。

具有正峰度值的对冲基金可能被视为在过去经历更极端周期性回报的对冲基金。

峰度比较

与所有基于绩效的统计衡量标准一样，我们不应该假定过去的任何关系都会持续下去，但这一指标确实提供了一种了解基金业绩历史的有效方法，并且有助于对比多种对冲基金的整体风险水平（以及本章概述的所有其他指标）。

与偏度一样，我们可以根据月度和季度回报数据计算峰态。如图 3－21 所示，在使用每月数据时，只有 Fund 4 会有正峰度（大于 3）。然而，在使用季度数据点时，Fund 3 和 HFRI 股权对冲指数均有正峰度。FCM 出现在图的最右边，表明其峰度值在所呈现的组中是最低的。

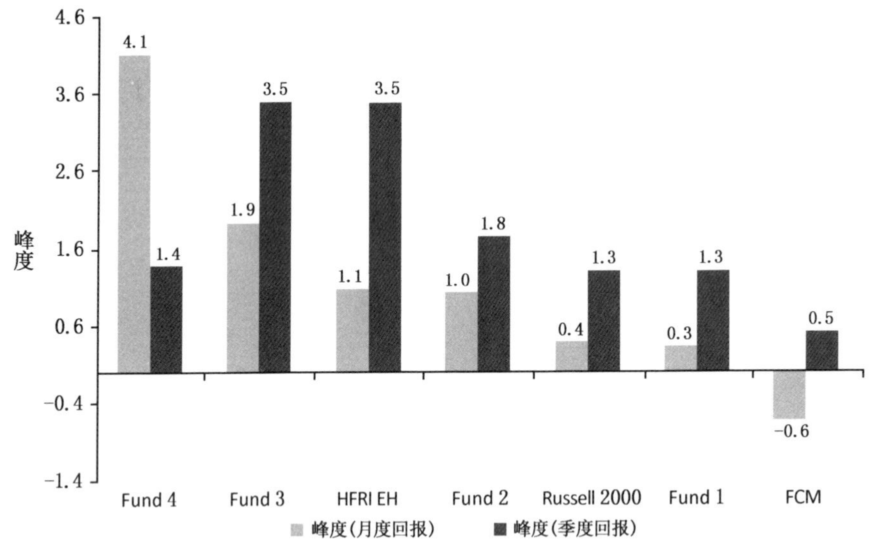

图 3－21　峰度直方图

回撤分析

简单地说，回撤是指从峰值回报减少到当前回报的损失，在图 3－22 中表示为从基金近期的峰值（C 点）降到其最新值（D 点）的回报。最大回撤是基金经历的最高峰值回报与最低谷值回报之差，在图 3－22 中表示为 A 点和 B 点之间的损失。

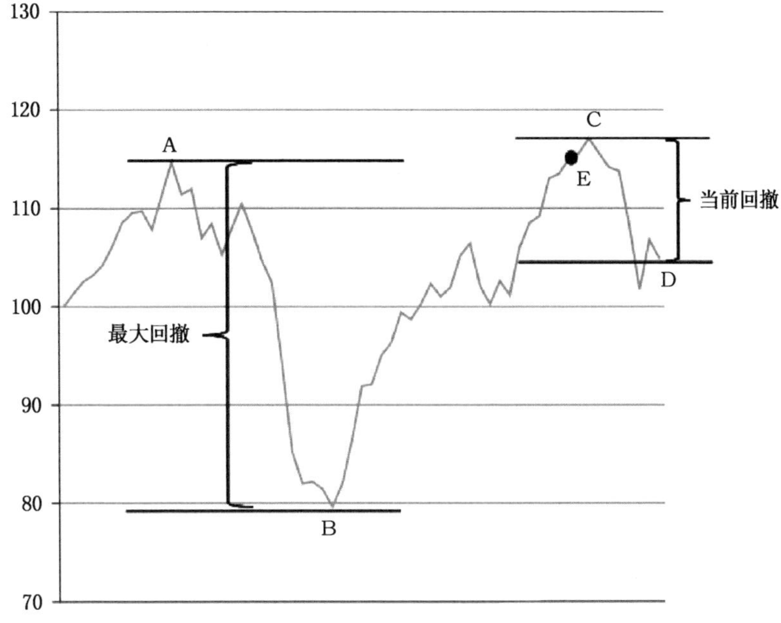

图 3—22 当前回撤与最大回撤示例

图 3—22 中的数据解释如下：

● 最大回撤表示五年回顾期间的最大损失。即图中所示的 A 点和 B 点之间的负收益。

● 跌幅时长表示从峰值收益到谷值收益经历的月数(A 点和 B 点之间的月数)。

● 从谷值恢复表示从谷值收益到完全恢复所经历的月数(简称高水位线)。这可以通过历数 B 点和 E 点之间的月数得到。

● 峰值表示跌幅计算中的高点(A 点和 C 点)。

● 谷值表示最大回撤计算中的低点(B 点)。

我们可以使用最大回撤作为评估基金历史损失的手段，并将损失的大小以及损失的时间范围与其他基金进行比较，如表 3—5 所示。

表 3—5　　最大回撤分析

	最大回撤	跌幅时长	回撤恢复时间	峰值	谷值
FCM	**−11.5%**	**8**	**8**	**2008—08**	**2009—04**
Fund 1	−38.9%	21	10	2007—05	2009—02
Fund 2	−24.8%	16	14	2007—10	2009—02
Fund 3	−8.2%	3	—	2011—05	2011—08
Fund 4	−26.9%	10	—	2008—05	2009—03
HFRI EH	−30.6%	16	24	2007—10	2009—02
Russell 2000	−54.1%	21	26	2007—05	2009—02

如表 3—5 所示，FCM 最大跌幅为 11.5%，发生在 2008 年 8 月至 2009 年 4 月的 9 个月内。之后 FCM 花了 8 个月的时间完全恢复(截至 2009 年 12 月达到高水位线)。截至 2011 年 11 月，基金 3 和基金 4 尚未从最大跌幅中全面恢复。但两者之间存在较大差异。2008 年 5 月至 2009 年 3 月期间，基金 4 下跌了 26.9%，然后超过 2.5 年还没恢复。表中基金 3 处于最大跌幅(跌 8.2%)已有 3 个月，这只基金已在 2011 年 9 月至 11 月期间弥补了大部分亏损。

 损益率

损益率用来衡量对冲基金在一段时间内所有正回报的平均收益与该基金同期所有负回报平均亏损的绝对值之比的百分比，可用于衡量基金在一定时期内持续创造利润大于亏损的能力。其计算公式如下：

$$Gain\ to\ Loss\ Ratio = \frac{avg\ gain}{ABS(avg\ loss)}$$

其中：

平均收益 $avg\ gain$＝一段时期所有正回报的平均收益；

绝对值(平均亏损)$ABS(avg\ loss)$＝基金同期所有负回报的平均亏损的绝对值。

损益率提供了一个非常直观的分析，我们认为它在评估基金历史表现时提供了有用的信息。如表 3－6 所示，我们可以看到，在观察的 60 个月内只有

FCM 的平均收益超过了平均损失的绝对值。FCM 的平均月损失与基金 3 相近,但是当我们研究平均月收益(FCM 为 2.15%,而基金 3 为 1.38%)时,它与基金 3 相比显示出明显的优势。因此,FCM 的损益率明显高于其他几个基金和基准指数。

表 3—6　　增益/损失分析

	平均收益	平均损失	损益率
FCM	**2.15%**	**−1.51%**	**1.4**
Fund 3	1.38%	−1.50%	0.9
Fund 1	3.68%	−4.48%	0.8
Fund 2	2.24%	−2.74%	0.8
Fund 4	2.08%	−2.57%	0.8
Russell 2000	5.01%	−6.40%	0.8
HFRI Equity Hedge	2.06%	−2.97%	0.7

3.3.4　基于回归的量化分析

以下回归统计量衡量了不同的变量之间关联程度的方法。

 **贝塔(β)**

要了解两个或更多变量之间的关联程度,我们可以进行回归分析。为了确定对冲基金与特定基准指数之间回报变动的相关性,我们计算一个称为 β 的统计值。

统计上,β 是回归线的斜率,通常用作评估基金固有的与市场相关的风险(此处风险定义为回报的上下波动)。β 一般可以衡量基金对市场变动的敏感性(当我们指定一个指数代表市场)或对其他资产回报(如其他对冲基金)的敏感性。回归分析假定变量之间存在线性关系,从而生成最佳拟合。

当我们进行回归分析时,我们可以使用计算的 α 和 β 值来预测基金回报率:

$$Predicted\ Fund\ Return = \alpha + (\beta \times Benchmark\ Return)$$

$$\beta = Correlation \times \left[\frac{std\ r}{std\ b}\right]$$

其中：

相关性 *Correlation*＝基金与基准收益之间的相关性；

标准值 r＝基金回报的标准差；

标准值 b＝基准回报的标准差。

如图 3－23 所示，β 由直线的斜率表示。

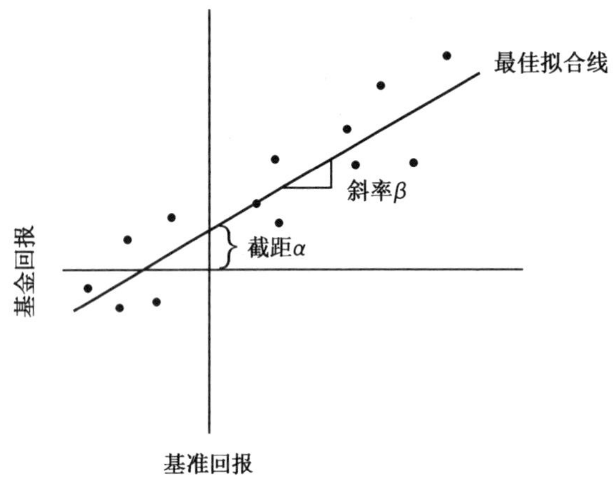

图 3－23　回归线

β 值分析

$\beta=1$：基金回报变化与基准相似。

$\beta>1$：基金回报变化大于基准。

$\beta<1$：基金回报变化小于基准。

$\beta=0$：基金回报与基准无关。

阿尔法(α)

在回归方程中，α 表示基准回报等于零时基金的回报值。它用于衡量与特定基准指数相比对冲基金经理的增值，即超额收益。如图 3－23 所示，α 由 Y

轴截距表示。其计算公式如下：

$$\alpha = avg\ r(\beta \times avg\ b)$$

其中：

平均值 r=一段时期的平均基金回报；

平均值 b=一段时期的平均基准指数回报。

T-Stat

这个统计量检验了回归线的斜率(β)显著不同于零的假设。如使用 95%的置信水平，计算出的 T-stat 值大于 1.96 则表示 β 有意义。T-stat 用于推论统计检验。我们可以使用样本数据(基金和基准的回报)来计算该统计量，以推断数据集之间关联的强度。其计算公式如下：

$$T\text{-}Stat = \frac{\beta}{Beta\ Standard\ Error}$$

相关性(R)

相关性衡量的是基金与一个基准指数或多个基准指数之间的线性关联程度。在回归分析计算中，相关系数最低数值为−1、最高数值为+1。如图 3−24 所示，相关值等于+1 或接近+1 表示高度的关联度；相关系数等于 0 或接近 0 表示无关联；相关系数等于−1 或接近−1 表示负的关联度，意味它们倾向于相互远离。其计算公式如下：

$$Correlation(R) = \frac{Covariance}{std\ r \times std\ b}$$

其中：

标准值 r=期间基金收益的标准差；

标准值 b=期间基准收益的标准差。

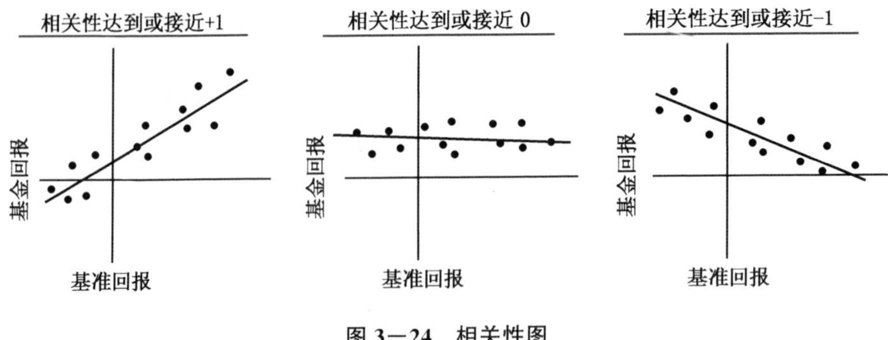

图 3—24　相关性图

根据表 3—7 中的计算，相对于 HFRI 股权对冲指数和罗素 2000 指数，FCM 已经产生了超额收益阿尔法，基金 3 紧随排列第二。FCM 和基金 3 也与每个基准指数的相关性最低。T-stat 统计量也可获得相同的结论。

表 3—7　　**回归结果**

相对于 HFRI 股权对冲指数					
	Alpha	Beta	T-Stat	R	R^2
FCM	**0.65%**	**0.30**	**10.41**	**0.42**	**0.18**
Fund 1	0.37%	1.46	9.49	0.89	0.79
Fund 2	−0.04%	0.94	4.25	0.92	0.85
Fund 3	0.58%	0.24	9.96	0.42	0.18
Fund 4	0.21%	0.72	8.76	0.68	0.47
相对于罗素 2000 指数					
	Alpha	Beta	T-Stat	R	R^2
FCM	**0.67%**	**0.12**	**22.63**	**0.39**	**0.16**
Fund 1	0.47%	0.58	14.55	0.81	0.66
Fund 2	0.03%	0.34	17.57	0.76	0.58
Fund 3	0.60%	0.07	23.59	0.27	0.07
Fund 4	0.27%	0.21	21.83	0.45	0.20

Treynor 比率

该统计量衡量无风险利率除以 β 的回报。其计算公式与我们用于计算夏普比率的方法类似，唯一的区别是我们在分母的位置用 β 代替标准偏差。因此，Treynor 比率衡量单位基准或市场风险的超额回报（夏普衡量单位总风险的超额回报）。

$$Treynor\ Ration=\frac{r-rf}{\beta}$$

其中：

r=投资组合回报（年度算术平均回报）；

rf=无风险利率。

3.3.5 对等组分析

对等组图让我们得以采用快速且易于理解的方式处理大量信息。其方法是创建一个对具有类似投资方案的其他对冲基金的集合，并将所观察的基金的表现与该集合中的基金进行比较。

我们可以用许多不同的方式来切割整个基金集合。最常见的是：

- **百分位数排名**。在给定期间，将基金从表现最好到表现最差进行排序，通常最佳基金的百分位数为 1%，最差的百分位数为 100%。
- **四分位数分布**。在给定期间，将基金从表现最好到表现最差进行排序，用 3 个点将全部数据分为 4 等份。
- **十分位数分布**。与四分位数分布相同，但分为 10 等份。

为了解释离群表现，通常将最高百分位数设置为 5%（而不是 1%），最低百分位数设为 95%（而不是 100%）。这样做是因为在排名的顶部或底部如果有一个异常值就会影响结果。我们可以查看数据，但以图形方式显示结果要容易理解得多并且效率更高。

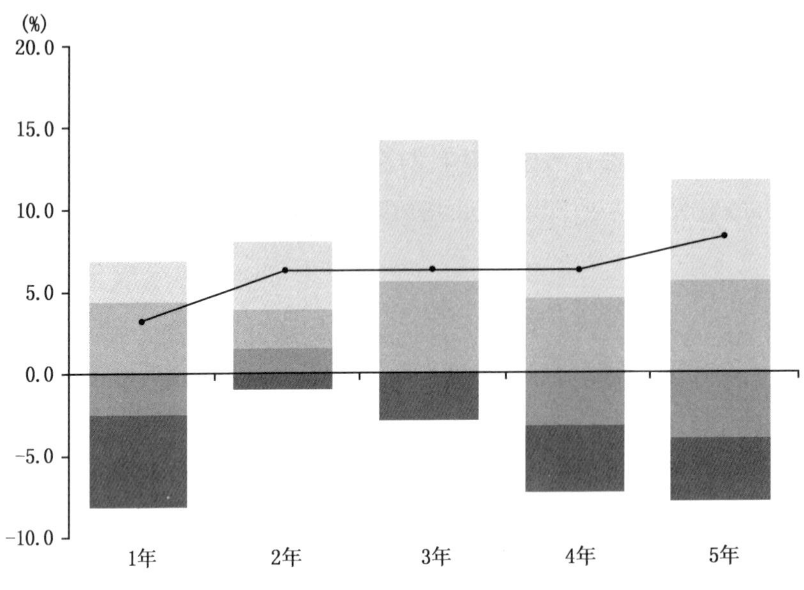

图 3—25　FCM 与对等组的相对表现

图 3—25 显示了 FCM 与我们在多个时间段内创建的对等组的相对表现。该基金每一个季度都排在第一个四分之一或第二个四分之一的上半部分。图 3—26 显示了基金在一年、两年和三年滚动期间的业绩。毫不奇怪，一年滚动排名的变化最大。该图给了我们一个从历史角度评估百分位数排名的简单方法。最后，我们可以从以下滚动百分位数排名图(图 3—27)中获取数据，并从中得出与两年滚动四分位数排名相同的分布分。但该图提供了一个不同的分析角度。

在确定对等组时，要注意确保这些基金的目标和投资方针相对一致，因为如果对等组的划分不合适，那么分析的结果会夸大或低估基金的历史业绩，削弱分析结果的有效性。随着时间的推移和各种基金信息的提供与发现，应该更新和调整对等组。此外，对冲基金的风格和策略有可能随着时间的推移而改变，所以一年前可能适合的对等组不一定今天仍然适合。

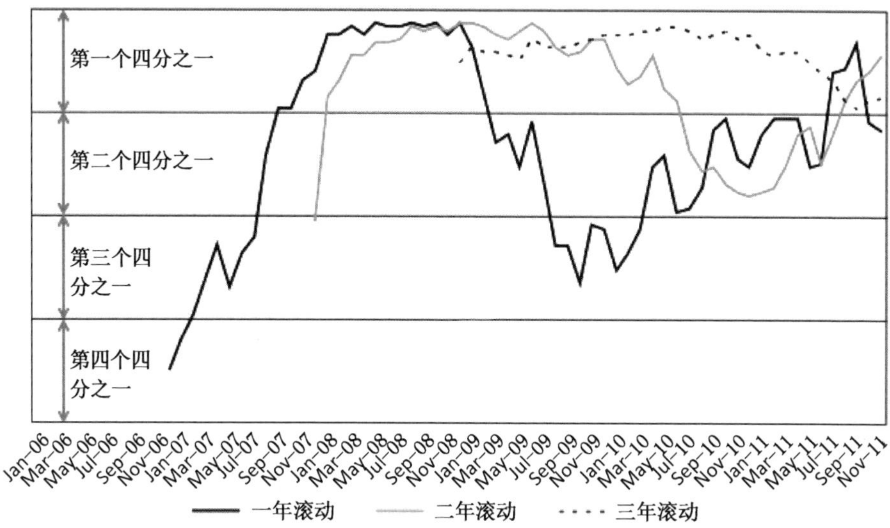

图 3－26　滚动百分位数排名

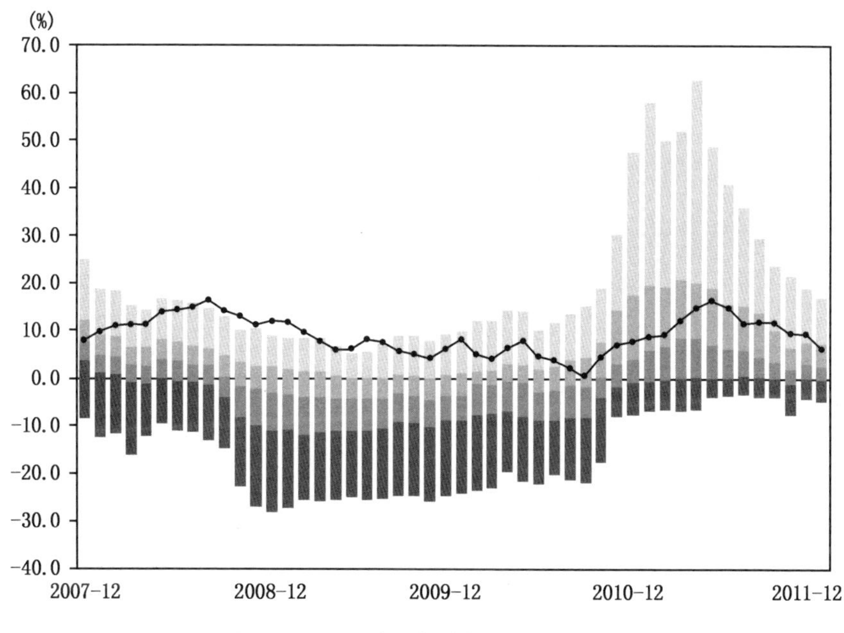

图 3－27　四分位数排名——两年滚动

3.4 定性筛选

定性分析可以说是对冲基金筛选中最重要的方面。投资人都想成功地预测未来。不幸的是，它涉及主观判断，这些判断只能通过时间来验证。因此，必须采取措施建立一个可以提高客观性的分析体系。建立这个体系的第一步是确定一个好的对冲基金的质性因素，并将这些因素用作评估过程的基础。以下特征是一个优秀的基金应该具备的：

一是坚实的投资理念支持的基金策略；

二是基金经理具有可识别的独特的优势，并运用此优势可持续获取回报；

三是避免潜在风险的投资参数；

四是在策略要求下，可以真正做到"对冲"的投资组合；

五是基金经理资源广泛，经营模式稳定；

六是透明而准确的收费模式。

除此之外，我们也可将定性评估分解成几个大的方面。分解评估的过程能够促使投资者有条理地阐述为什么特定的对冲基金有吸引力，并使其更容易对比不同的基金。定性评估可分为以下几个方面：

- **投资流程和策略**

基金经理必须能够清楚地说明自己的基金如何和为什么能够获得收益。他们还必须解释为什么他们会持续产生收益。需要注意的是，即使能够解释清楚上述问题，基金经理也可能隐藏或忽略其策略中的重要风险因素。

- **自上而下的考虑**

投资者必须了解不同的经济和市场环境如何影响每个基金经理追求的具体策略。这种认识影响了是否要对特定的对冲基金做投资的决策以及应如何构建投资组合。

- **历史业绩**

基金经理必须解释自己管理的基金的过去表现，以及在大的市场事件下的处理方式和结果。

● **管理层和员工**

投资者应对基金经理及其协助人员进行评估，了解他们是谁，以及他们如何合作。

● **个人素质**

与所有积极管理的基金一样，对冲基金的成功依赖于主要基金经理的决策。他们的个人素质会影响他们的决策能力。

● **风险管理**

投资者需要了解风险管理的各个方面，包括杠杆水平、多元化、对冲和其他风险体系。对冲基金发售的文件很少强加严格的投资限制，因此投资者需要了解他们如何操作。

● **透明度和报告**

投资者必须明确将被给予的透明度水准是否适当，以及是否足以保持对策略的了解。许多基金经理承担的风险要高于他们所承认的，投资者必须要问为什么一个基金经理想要限制信息的披露。更高的透明度可以减少经理人偏离他们所提出的投资方针的可能性，特别是在报告之间的时期。

● **条款**

基金的条款对于投资者来说必须是可以接受的，包括费用水平和投资者撤回资本的权利。

在这里值得对基金经理的个人素质做进一步阐述，因为这一点对于对冲基金的成功至关重要，但却很难评估。对冲基金行业成功的前提是利用个人的才能，但难以界定需要什么样的素质。我们建议对冲基金经理人应该具有以下的基本特征：

● **智力**

这显然是以复杂的和领先的方式管理大笔资金的人应该具备的先决条件。

● **良好的判断力**

没有好的判断力，智力可能会误导决策。迷惑人的聪明的理论除非证明是正确的，否则没有意义。经理人必须是现实主义者。

● **专业策略的技术知识**

为了能够在更广阔的市场上保持优势，经理人必须对自己的领域有过人的了解并且与时俱进。

- **在特定策略中的经验**

有时候,具有某专业背景的毕业生或来自其他行业的新人对特定领域有更好的技术理解。然而,没有什么可以取代通过在牛熊市中长期交易以及承担市场流动性挤压而积累的宝贵经验,因此结合年轻人与有经验者的投资团队可能最有效。

- **谦卑**

对冲基金经理往往缺少这一特点。经验的好处之一是提醒个人的易错性。没有经过失败的经验可能会导致傲慢(除非经理能够谦虚地区分运气与辉煌)。傲慢是一种投资风险。

- **诚信**

有些投资者拒绝向不喜欢的基金经理做投资。这听起来有点滑稽,特别是因为美国华尔街和英国梅菲尔区最有天赋的人才都很气盛。不过,投资者必须相信这些人才能完成大笔投资。基金经理在拿到投资后是什么态度?他们是否在小事上习惯于歪曲事实?他们在遇到争议中如何表现?这些都是判断诚信的问题。

- **稳定的个性**

管理对冲基金可能非常紧张,期望很高,需要强大的人格。在困难的情况下失去脾气或耐心的基金经理更有可能做出错误的决定。

- **纪律**

一个秩序良好的思维会做出更清晰的投资决策。有纪律的基金经理更有可能在可重复的基础上产生阿尔法。

- **野心**

产生超额收益是一项有竞争力的业务,没有野心的人不适合。

4

如何尽调

4.1 首次尽调流程

4.1.1 尽调问卷

大多数对冲基金都会为潜在的和现有的投资者编写尽职调查问卷(DDQ)。根据组织的规模、管理的产品数量或基础资金的复杂性,尽调问卷的篇幅从十几页到几百页不等。大多数公司在编写尽调问卷时使用类似的模板,所以不会为每次尽调创建专门的模板。许多对冲基金使用另类投资管理协会(AIMA)提供的尽调问卷模板(www.aima.org),一般情况下我们都能从尽调问卷中获得大部分的所需信息,然而在浏览尽调问卷和观看对冲基金方的相关展示后,尽职调查的一方应该会产生新的其他问题,这种情况下建议发送电子邮件给经理,提出问题,或者安排一个电话或会议来进行答疑。

此处我们将提供一个尽调问卷样本,仅供参考。

投资经理概述

一般资料:

公司名称：

公司总部：

承销商(如有)：

承销商地址：

联系人姓名：

联系电话号码：

联系传真：

联系电子邮件：

公司简介

请对公司做简要描述。

投资经理实体和组织结构

请介绍投资经理或顾问的有关实体及其所有权结构。比如过去三年，实体本身是否有实际变化(例如实体数量的增加或减少)，或者实体的所有权结构是否发生了重大变化?

公司人事

请简要说明公司重点投资人员的背景情况。

对于过去三年离职的公司的重要投资人员，请说明任何非常规的离职原因。

请描述公司的监管机构(如管理委员会)。

企业总共有多少名员工为投资管理业务服务? 从职责上来说又有多少? 如果公司或其附属机构拥有多个办事处，从地理范围上来说这些员工是如何分配的?

服务提供商

该公司是否聘请任何第三方营销代理人? 如果是这样，请描述这种聘用的条款。

谁为公司担任法律顾问?

该公司是否将任何会计或运营职能外包给第三方? 如果是,请描述。公司是否会定期检查任何此类服务提供商的业绩? 该检查如何进行?

审计员

①公司管理的投资工具由谁来审核?

②除了审计的关系,审计方是否与公司或其任何附属机构有联系或任何业务关系? 审计方或其任何关联机构是否在公司或其附属机构中还承担其他业务,如咨询服务、财务报表准备或税务服务? 如果有,请描述。

③过去三年中,目前的审计方是否每年都审计了该公司的投资工具? 如果没有,请描述任何所做的审计变更的背景情况。

④公司管理的投资产品中有没有得到合格的审计意见的例子? 如果有,请描述。

⑤审计方是否要求过公司管理的任何投资产品的财务报表或业绩结果的重新陈述? 如果是,请描述。

合规体系和管理机构登记

请描述公司的合规制度。公司是否有指定的首席合规官(CCO)? 如果有,请简要说明 CCO 的背景,并解释 CCO 是否有与遵守事项相关的责任。

公司或其任何附属机构是否在任何监管机构登记过? 如果是,请描述。如果该公司没有在美国证券交易委员会登记为投资顾问,请说明公司目前所享受的税务豁免,以及是否打算在未来 12 个月内登记。

公司是否维护并定期审查书面合规政策和程序,如道德守则? 如果没有,请说明。

对于公司拥有的任何重要的非公开信息(包括培训员工流程的信息),公司是否有关于处理和安全保护这些信息的书面政策? 如果没有,这些重要的、非公开信息是如何被保护的? 这些流程信息又如何被传达给员工的呢?

公司是否有关于员工个人账户交易的书面政策？如果有，请描述。如果没有，个人账户交易是否被监控，以及公司如何向员工传达行为标准？

公司是否在提供和收取礼品与娱乐活动方面保留书面程序？如果没有，这样的活动是如何被公司监督的？相关的行为标准如何传达给员工？

公司是否保留书面反洗钱（AML）程序？是否有指定的 AML 合规官？如果没有，AML 检查如何进行？

请描述公司目前持有的任何关于证券互惠行为的安排。

请描述该公司目前持有的任何有针对性的经纪商安排。

法律诉讼

过去五年：①是否有对该公司、公司的主管或关键雇员，或该公司的任何附属公司进行的任何刑事或行政诉讼或调查？②是否有针对该公司、该公司的主管或主要雇员或该公司的任何附属机构的民事诉讼？这些民事诉讼是否给公司造成了不利的局面？如果是，请描述。

企业目前是否对该公司、该公司的主管或主要雇员或该公司的任何附属公司的任何未决的刑事或行政诉讼知情？

是否有任何不利的处理对公司管理的任何基金或账户产生重大影响？

基础设施和内部控制

请描述该公司目前的交易、投资组合管理和交易后的管理以及会计基础设施，明确说明任何重要的第三方软件的使用。

请描述一般的交易行为是怎样被执行的。公司通常使用怎样的控制措施来防止交易错误？一旦发生后如何处理？

请描述典型的交易和解流程和频率。在这个过程中，公司通常使用怎样的职责划分机制？

请描述现金或其他资产转让的授权过程，无论是由公司管理的投资项目内的转移还是涉及外部方面的转移。公司通常使用怎样的控制方法来防止不必要的转移发生？

公司或其附属公司是否留有职业责任保险?

业务连续性

公司是否保留有书面的业务连续性计划和灾难恢复计划的综合计划(BC/DR 计划)? 如果没有,公司打算如何最好地从业务中断中恢复过来?

投资经理活动概况

请说明投资经理管理的主要投资项目。

投资经理管理的总资产是多少?

公司是否管理单独的账户? 如果是,请描述。

投资经理或其任何员工是否与投资经理管理的投资项目有实际的利益关联? 如果是,这些关联利益的总和是多少?

其他业务

除了资产管理外,投资经理是否实际参与其他业务? 如果是,请描述。

利益冲突

请描述对投资项目管理有重大影响的利益冲突。公司如何解决这些冲突?

该公司是否在其管理的账户及投资项目之间进行套购套售交易或者投资顾问是否为自己的账户和客户账户进行套购套售交易? 如果是这样,公司通常有什么控制措施来保护参与的投资项目或账户?

公司是否有任何关联公司或子公司是经纪商或执行代理人? 如果是的话,这些经纪商或执行代理人:①代表公司管理的投资项目执行交易;②在执行代理人或经纪交易商是个体持有人的情况下,经纪商或执行代理人是否通过收取佣金、提价或以其他方式对公司管理的投资项目收取费用? 如果是,请描述这些规定。

基金信息

请描述基金概况和投资方法。

请描述基金相关的法律结构。

请简要说明基金普遍使用的投资策略。

基金一般交易何种类型的金融工具?

基金一般在哪个地理区域进行交易?

基金大概持有多少头寸? 典型的最大头寸是多少?

请描述投资组合的周转率。

请描述基金资本和投资基金。

基金的资本基础是什么?

目前投资者有多少投资基金?

如果基金保持着一个主从结构,并且关联基金中同时存在本国基金与非本国基金构架,在本国和非本国的基金中投资资本比例各是多少?

基金条款

基金中是否有多种利益或多个联接基金实体?

对每个利益类别或联接基金类别,请列出以下内容:

①最低投资额;

②管理费;

③业绩提成,包括门槛收益率、基金高水标和亏损抵免(如果有的话);

④赎回条款,包括任何应付费用、锁定协议、门控条款或其他限制。

投资经理是否可以暂停赎回、暂停支付赎回所得、用实物支付赎回收益,或者选择背离上述赎回条款? 如果是,请描述。

过去有赎回限制吗? 如果是这样,在什么情况下施加了赎回限制? 如果过去已经施加了赎回限制,那些限制被解除了吗? 如果是这样,在什么情况下限制被解除了?

公司是否通常为基金收取额外费用,包括营业费用、审计费用、行政费用、基金组织费用、法律费用、销售费用、工资、租金或上述未详细说明的其他费用？如果是，请描述。过去三个日历年度中，每年这些费用总额占管理基金资产总额的百分比是多少？

公司在附加协议方面的政策是什么？是否有基金的投资者享受与上述大不相同的费用或赎回条款？如果是，请描述。

表现历史

请提供基金的表现历史，数据需要被审计过，回报方式需要符合监管部门要求。

风险管理

请描述公司的风险管理理念，并讨论当涉及以下方面时公司所使用的管理方法：股权、利率、货币和信用市场风险(如适用)；融资和交易对手风险；操作风险。

公司是否依靠第三方履行风险管理职能的任何部分？

企业在采用什么类型的风险措施？

基金估值

请描述基金头寸的估值过程，包括没有市场价格的仓位的估值程序。请特别讨论估值的频率，以及是否在评估过程中使用任何第三方服务(如果是，这些第三方是如何被监控的)。

自成立以来，该基金是否重述过财务报表或任何已有的成果？如果是，请描述。这些重述是外部审计公司审计的结果吗？

基金服务提供者

如果基金雇佣管理员，请提供其联系信息。

请提供有关基金使用的法律顾问的资料(如有)。

请指定基金使用的主要经纪人。

投资者通讯

基金目前为投资者提供什么类型的沟通方式？沟通的频率是多少？

4.1.2 首次尽调的其他材料

除了尽调问卷，尽调之前还需要获取对冲基金公司的演示文稿和月度信件的副本。在首次召集或与对冲基金会面之前，请先阅读所有这些资料。这样，尽调方可以提前得到关于费用、流动性、人员、业绩历史、战略、风格、风险管理和运营效率的大部分基本信息，这将使初次会议顺利进行，并将讨论拔高到价值提升的层面，例如确定对冲基金经理是否具有实际的优势或竞争上的优势。

相对于尽调问卷，对冲基金的演示文稿往往能够提供更加视觉化和流畅的观点，从中可以了解该公司是如何运作以及如何管理对冲基金的。演示文稿也可以提供尽调问卷中可能没有涵盖的其他信息，例如交易示例或者更多关于工作流程以及团队如何交互的图形说明。此外，它提供了一个对比两个文档中如何描述流程的机会。作为基金分析师，我们一直在寻求验证信息，可以通过比较不同的文档来确保信息是一致的。

尽调问卷和演示文稿倾向于提供关于公司、团队和流程的可靠信息，但是作为验证公司是否实际执行其所描述的行为的手段，每月/每季度的报告是有用的，这些报告提供书面文件来说明公司如何处理不同的市场环境。但是，并非所有的月度报告都是相似的。一些对冲基金提供基本统计数据，如表现和头寸敞口（总头寸、净头寸、多头头寸、空头头寸等），而其他的对冲基金提供不同程度的关于期间的书面评论以及该期间当前头寸和收益归因的描述。在初次电话或会议之前，你可以自行提前研究信息，以便在面对对冲基金经理时提出更好的、更多的有情报根据的问题。

例如，如果基金提供前五或前十个多头仓位公司（他们倾向于避免在通用信件中列出空头头寸），你可以对这些公司进行如下提前调查：

- 研究这些公司，更好地了解经理对研究和建设投资组合的看法；

● 跟踪持有期间这些长仓实时表现和新闻事件，以便你可以在与他或她交谈时更有效地质疑经理；

● 以组合的方式来计算持有期间的绩效归因，以更好地了解某一个长仓投资对绩效的贡献；

● 选取一个适当的基准跟踪这一组股票的表现，以了解相对而言这些对冲基金经理所认为的采取主动投资方式能获得显著收益的基金是怎样表现的。

我们承认所有或大部分信息可以被对冲基金经理圆滑应对，但是我们发现挖掘经理信息（如重仓股）和研究项目的过程有助于我们更好地吸收信息，并允许我们更有效地整合数据。因此，当我们能更加有信心地确定基金经理的业绩巅峰时期，我们常常可以提出更直观的问题，即使经理可能不习惯回答（至少在会议如此早期的阶段不太适应）。另外，我们发现当我们提前知道这个背后的故事时，我们能更好地向对冲基金经理提出疑问。

月报和季报也为我们打开了查看不同时间点经理如何思考的窗口。例如，为了更好地了解对冲基金经理在压力时的行为或反应，我们觉得有必要审查他们 2008 年和 2009 年的每月信件。这两年期间包括大量的市场动向（2008 年的下跌和 2009 年的上涨）以及关于美国住房、全球经济增长和欧盟前进可行性的混合信号，而以上仅仅是表现那个混乱时期的几个典型例子。

我们认为，月度报告如黄金般珍贵，因为它们给了我们一个迹象表明投资组合经理如何处理这些问题（在没有后见之明优势及市场一团糟的情况下）。例如，对冲基金经理可能在会议中告诉你，他们在 2008 年是如何冷静、有条不紊地调整风险并在 2009 年进行备份的，但每月信件可能是一个不那么平静、冷静和镇定的画面。例如，月报可能会表明，经理人经常调转头寸敞口，或者在这段时间内只是较为好运而非技术高明，又或者月报证实经理告诉你的话，并与他或她如何管理基金的过往相匹配。

4.1.3 初步尽调会议

初步尽调会议的讨论主题有：

- **主要的投资专业人士**。强调他们的经验,以及他们如何合作。
- **流程**。投资如何运作以及将来会怎样继续运作。
- **风险控制**。规则及负责人。
- **绩效异常值**。针对极端/表现不佳时期的问题。

初次访问的目的是获得足够的信息来确定被审查的基金是否将使其达到一个新的水平(在我们的工作流程中,这意味着更详细的定量分析)。

电话采访

不可否认的是,当收集数据时,面对面的访谈更好,因为你可以观察肢体语言、面部表情以及语气,而这些都是在电话里感受不到的。然而,电话采访是这个过程的重要组成部分,因为它使我们能够更加有效率(因为通常面对面的会议持续更长时间或需要提前更长时间预约)。

当我们进行初步电话采访时,应当尽量保持参与人数最少。另外,我们试图避免不同的人从不同的地方拨打一个电话号码的多线电话会议。这类电话会有失控的倾向。最后,我们一般喜欢每个参与者在办公室安排座机。手机虽然运作良好,但当人们正在移动的时候,谈话内容时而切题时而离题,我们发现人们在移动时容易分心。

当我们进行电话采访时,我们一般偏向于控制对话的流程,但更喜欢投资经理引导大部分的谈话。

面试

在对基金经理面试之前,请做好准备,如了解投资策略、流程和历史背后的基本前提。这样,如果机会出现,你将能够识别出问题。

不要自问自答,让经理来回答你的问题。请控制在经理回答的时候自己跳起来的冲动。我们发现,当人们漫谈时,经常能够得到最有用的信息。

你要知道什么时候应该保持安静(如果你是采访者,那应该是大部分时间保持安静)。应当提出问题,然后停止说话,静听对方的回答。这听起来简单,但我们发现这似乎是一个很少有人掌握的技能。另外,我们发现基金经理一般面对沉默会不安,因而往往会继续说话,这可能会引出新的和有趣的信息。

你可以以非顺序的方式提问。这样会使得受访者不得不放弃他们提前准备好的稿子。记住,对冲基金专业人士在职业生涯中可能会进行数百次会议和电话,并制定了惯例。请试图让他们脱离舒适的区域(当然这做得不要太明显)。

不要让他们改变或逃避问题。如果你想要一个问题的具体答案,不要害怕询问两次或指出他们还没有回答这个问题。

灵活。不要自己做一个脚本。访谈通常可以自发进行。我们看到过分析师错过提出一个很好问题的机会,仅仅是因为他们过度关注于从他们预先准备的列表中提出问题。

问一些宽泛的问题,看看答案会将访谈引向何方。我们喜欢提出可以多种解释和回答的问题,因为经理如何解释这些问题将给我们一些关于他们的思维方式如何工作的信息,这可以帮助我们更好地了解他们的策略和过程。

总是问"为什么"。质疑一切,即使你认为你知道答案(因为有时你可能会对经理的回应感到惊讶)。

要求举例。示例有助于澄清。当提出例子时,请他们不要回顾在演示文稿或其他讲义中列出的例子,而是提出一个新的例子(使基金经理脱离脚本)。

询问他们没有做好的事情。大多数人喜欢谈论他们的成就。请他们列出一些失败的经历,还请他们列出应该改进的方面(不要忘了问一些例子)。

4.1.4 深度尽调会议

现场会议策略

现场会议可以在一天内进行,也可以跨越几天。当我们进行现场会议时,应该计划与所有主要投资专业人士、运营团队成员、风险小组成员、营销、客户服务以及其他可能对促进我们对公司运作理解的任何人访谈。

一对一会议

在可能的情况下，我们更推荐首先与团队成员会面，原因如下：

● **检验一致性**。你可以询问每个团队成员的相同或相似的问题，以便确定答案是否一致。问题可以是宽泛的（比如，你的策略优势是什么）或具体的（比如，指出公司在过去一年所犯的错误，并告诉我们你已经做了些什么来改进它）。然而，需要注意，缺乏一致性并不一定意味着消极的印象，反之亦然。例如，如果基金经理有完全一致的故事，那么我们需要确定他们是否只是很好的营销人员，他们如果真正地相互同步，那么说明他们已经磨炼了演示的艺术。这就是经验和尽职调查"艺术"的一部分。当你觉得从单独的某个人处不能得到完整的信息或者怀疑某个问题的答案时，可以采用这种"各自击破"的方式。

● **保持会议重心明确**。多人会议当然可以是有益的，并且为你提供洞察力，但也可能快速失去焦点。一对一的会议更容易保持重点。

● **避免群组思考**。我们发现与两个人的会议可以运行得很好，但是当会议涉及太多的人时，问题和答案可能会变得有些模糊。

● **避免遮蔽**。当遇到多人（其中一些资历较深，另一些人是新手）时，我发现初级团队成员经常顺从于前辈。这种顺从的过程本身能提供信息（比如你随后可以选择探索高级职员与初级员工之间的关系，以确定在讨论股票研究、投资组合管理、风险管理等时初级员工对高级职员的态度）。不过，我们建议听听每个人说的话，如果某些成员将所有或多数问题推给其他团队成员，那么就错过了一个机会来获得他们的观点。

举行会议时，你可以使用第一次会议获得的信息来挑战下一次会议的参会人。例如，假设按照以下顺序会见三名团队成员（分析师、投资组合经理、风险管理者），你可以询问分析师：

(1)请说出一件会促使你改变投资过程的事情。

(2)请说出一个你认为含有风险的需要改变的程序。

你可以提出许多其他更具体的问题，以便采访其他成员时可以作为参考。当随后与投资组合经理和风险管理人员会面时，你可以借鉴分析师对这些问题的回答，对投资组合经理和风险管理者提出问题，而这些问题可能是你（作为外部人士）永远不会想到的。此外，如果投资组合经理或风险管理者在这些问题上给予反击，你可以说这个问题不是来自你，而是来自他们自己的队员，再看看会发生什么。这并不是想引起争议，相反，而是为了更全面地了解他们做了什么以及他们是怎样做的（这种类型的问题也将使你深入了解相关人员的个性）。

多人会议

小组会议也有诸多益处。例如，当我们进行现场采访时，我们需要感觉到公司员工间有良好的工作关系。我们也倾向于在与两位团队成员见面的会议中观察到肢体语言上的良好信息（当有两个以上的成员时，这种观察会变得比较难）。当我们和两个对冲基金专业人士进行会议时，我们经常向 A 职工询问一个问题，并看看 B 职工在 A 职工回答时是如何反应的（当然这需要谨慎行事）。B 职工的反应有时比两人振振有词陈述的事情更有说服力。我们曾经遇到过这样的情况：当另一个人以肯定的方式回答问题时，另一个人在摇头。当发现像这样矛盾时，不必断言其中一定隐藏着公司不正当的行为，你可以记录下这个问题或者事件，之后再进行深入的讨论。

获取不同的观点

如果你是尽职调查小组的一员，你可以与对冲基金团队成员进行交错的会议。换句话说，尽职调查小组的不同成员都可以与某一对冲基金专业人士会面，以获得不同的观点。这可以通过对冲基金专业人士同时和小组的其他成员进行会议，或者与小组成员在不同时间单独进行会议来实现。如果你的团队足够大，你可以同时做到这一点。目标是让几位尽职调查分析师与对冲基金专业人士会面，并提出自己的问题，以便比较不同小组成员留下的笔记和印象。我们强烈建议有多个分析师参与研究和评估过程，因为这有助于减少个人偏见。不同的观点可以增加我们对对冲基金的整体了解，这可以促进更多有情报根据的更好的投资决策。

需要强调的是，在进行对冲基金尽职调查时进行几次现场会议（和电话）并不罕见。经验丰富的对冲基金经理认识到，尽职调查过程可能涉及多次会议，可能需要几个月到几年才能完成。除非对经理有充足的信心，并且对投资于这只对冲基金感到放心，否则你不应该投资于这只对冲基金。如果仅仅经过几次会议你就产生了这样的信念，那是很好的，但是如果这个过程需要更多的会议，那也没有关系。唯一需要注意的是，我们应该最大化每个会议的效果，做好前期工作，列出问题清单，提前留心基础工作。例如，收到尽调问卷、演示文稿、月度信件等方式后，与对冲基金经理会面时，你就不必要再询问基金提供的流动性或服务提供者是谁(因为这些信息可能在上述文件中已经写得非常详细了)。当然，如果文件描述得不清楚，那么你需要进一步询问。要求某人抽出时间来参加会议，然后提出一些你应该已经知道答案的基本问题，这是一种浪费时间的行为。请记住，在交易期间，与投资人员会面的任何时间都应当是他们不需要管理基金的时间。

会议记录

对冲基金尽职调查分析师可以做的最有用的事情之一是完成翔实的会议记录，并整理这些笔记以备将来参考。对于分析师来说，会议是一个非常耗时的工作。我们在和这些专业人士的会议中获得的信息是我们研究的关键组成部分，也是未来我们高效工作的保障。

会议记录是尽职调查过程的关键一环。对各种对冲基金经理的会议记录进行讨论，并提供这些会议的书面摘要是十分重要的(这也是行业标准之一)。你可以创建一个实用的电子表格来跟踪所有经理会议，并提供参考信息(经理姓名、笔记本编号、会议日期和笔记本中的页面)，以便可以轻松找到任何的注释。当然，近年来使用移动平台的应用来记录和查找会议记录更加受欢迎。

4.1.5 尽调报告

尽调报告是在完成和基金的尽调会议后的一份总结性文件，由投研部门完成，并上报投资总监或投资委员会讨论和批复。任何基金的投资决策都需要建立在充分和详细的尽调报告基础上。如果没有经过整理报告和内部讨论的过程，就可能会遗漏重要的风险因素，或由于对策略的理解模棱两可而造成实际投资结果和预期的偏差，最终达不到投资目标。

尽调报告通常有以下主要组成部分：

(1)公司主要信息，如管理资产、注册地、旗舰策略等

(2)摘要

(3)投研结论——评分和推荐

(4)详细人员和组织结构介绍

(5)投资策略和投资流程

(6)基金和投资组合的特点

(7)投资业绩

(8)风险控制体系

(9)收费结构

区别于尽调问卷，尽调报告不仅仅是数据和事实的罗列，还是投研部门对基金和基金公司的调查、分析和实地考察后的结论与判断。

如果说标准的尽调问卷是解决一系列“什么”的问题，而尽调会议是提出“为什么”和“怎样”的问题，那么尽调报告的目的是综合以上所有的答案，给出观点和可操作的建议。

如果给一个基金的投资组合做筛选和推荐，那么尽调报告给出的建议至少应该分为如下三个部分：

(1)买/增持或者卖/减持的明确建议；

(2)该基金在投资组合中推荐的持有比例以及原因；

(3)该基金的加入是否符合整体组合投资方针。

4.2 跟踪尽调流程

4.2.1 跟踪尽调问题

有经验的投资人会意识到，投资协议生效的日期不是了解经理的过程的终

点。相反,它是对基金经理了解的开始,之后应当继续获得足够的知识和信息,以便做出持续投资的决策。更深入地了解和监查基金经理和其公司的投资组合与架构是一个持久的任务,只要投资者持有投资,就应该继续关注下去。许多投资者没有紧密关注基金的情况,或者对基金经理过于信任,因此常常忽略预示业绩困难的重要变化或预警标志,当他们重新审视基金经理时下的投资时才感到震惊且不安。监督的目的是重新验证原有的投资决策是正确的,并且了解经理战略、投资组合和团队的任何变化。因此,监督为持续评估和审查对冲基金投资提供了依据。它帮助投资者确定经理是否仍然是最佳投资选择。关于是否以及何时赎回基金的决定可能与原来的投资决策一样重要。

运营审查的频率

应该多久进行一次运营审查?分析师通常每 12 个月会进行一次现场访问的风险评估。对冲基金投资者必须考虑的问题是:这样的审查是否足够频繁?但这个问题的答案是多种多样的。在正式回答这个问题之前,投资者必须首先考虑在现场访问的间隔期间执行的远程监查。

远程尽职调查监查

远程尽职调查监查的定义是,可以在现场访问之外执行对对冲基金监督和情报收集。我们假设两种监督方式中,基金公司提供给我们的信息透明度是相同的,可以监测到的风险程度也是相同的。远程监查并不旨在重新发现基金公司是怎么运营的,相反,远程监查的目的是投资者对现有运营知识的补充,并了解公司内的任何业务发展。这个过程在图 4—1 中做出了概述。

关于对冲基金,金融媒体上每天都会产生大量数据。任何人都不可能每天进行筛选。媒体监查的目的是使筛选过程自动化,以确定投资者选择的对冲基金是否有任何正面或负面的消息。在过去,第三方的这种服务被称为剪报服务。今天,对冲基金投资者有很多可选的媒体监查服务。

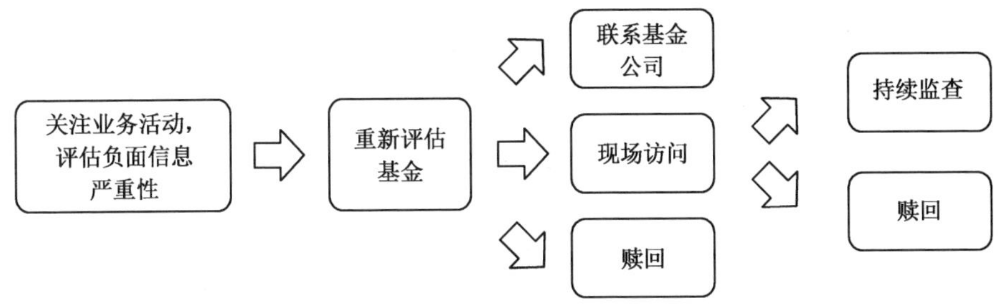

图 4—1 媒体监控

所有剪报服务中，最基本的是自己使用互联网获取相关新闻。例如，任何人都可以通过搜索平台为某些关键字创建每日新闻提醒。市场上还有一些更复杂和更全面的工具。通常这些收费服务可让个人能够在巨大的媒体数据库中进行查询的同时创建自己的资料库。如何正确利用这些工具？不会产生堆积如山的无用数据，而是创建出对冲基金投资者真正感兴趣的资料库，这是一项需要不断练习和改进的技能。

诉讼和监管监督

诉讼监督是指浏览司法过程中任何产生的可能对对冲基金引起疑虑的信息。这种监督的有效性取决于基金所在国家的诉讼数量。如果人们在这个国家更倾向于互相起诉，这种方法就会变得更有成效。监管监督侧重于持续要求监管方提交与对冲基金有关的报告。无论对冲基金向哪个监管机构注册，这些要求都是可执行的。

所管理的资产（AUM）和绩效监测

对冲基金管理的资产（Asset Under Management，AUM）可以作为基金持续性和增长前景的良好指标。AUM 规模通常可以直接从基金发给投资者的信件中查到。如果对冲基金向第三方数据库报告，也可以从这样的数据库中监查

AUM 数据。

在审查这些数据时,投资者应该留意基金之间可能发生的交易记录。在分析管理资产时,投资者不仅仅应该了解特定基金的投资多样性,还应该着眼于整个公司的资产多样性。如果一个特定的对冲基金过多地被另一个对冲基金的资金投资,就可能面临赎回的威胁。

另外,投资者可以通过对冲基金业务通讯和第三方数据库远程监查绩效数据,其方式与 AUM 大致相同。许多对冲基金也提供了半月度的业绩评估。这种评估通常非正式地通过电子邮件发送,或者通过电话口头传达。

4.2.2 如何应对变化

我们将一个运营事件定义为导致组织运行情况发生变化的一个事件。这种事件可能与任何单一运营因素相关,例如备份发生器的故障,它将引发对业务连续性规划/灾难后恢复(BCP/DR)方面的忧虑。或者运营事件也可能涉及多个因素,例如首席合规官离职,就会既涉及人员流动,又涉及合规职能。我们可以定义两种不同类型的操作事件:产生积极影响的事件以及产生消极影响的事件。通常,造成对冲基金业务发生积极变化的活动不会促使现有投资者采取什么行动。

接下来让我们来关注两个常见的变化,并讨论我们应当如何处理它们。

基金经理变更

首先要说的是,不要因为基金经理的变更就立即放弃这只对冲基金。基金经理离职后,基金表现不太可能会有一个断崖式的下跌。基金公司通常有一套工作流程系统来使得接替的基金经理的操作是相似且有连续性的。如果你购买了欧洲股票基金,经理离职后的一段时间内,它很可能会继续保持为一只欧洲股票基金。因此,你有时间思考下一步的计划,比如重新评估新的基金经理。

策略/风格转移

如果基金经理认定过去的交易策略现在看是错误的，而且认定自己目前的策略是正确的，这种情况下的策略转移是令人担忧的。“策略”不仅仅是对买入/卖出信号背后逻辑的一个参考，而且是一个涵盖信号部署、数据挖掘、风险管理、持续研究、交易执行、基础设施和公司发展的综合计划。风格转移不仅是基金经理改变信念的过程，即使策略转移只是因一小部分交易程序的改变引起的，这也是值得调查的问题。如果整个策略被改变，那么很可能是赎回投资的原因，或者至少是让投资者暂停追加投资的原因。

4.3　量化基金的尽调方法

4.3.1　筛选条件

面对海量的量化基金，投资者需要把潜在名单缩小至更易于处理的数字。进行现场考察和尽职分析需要大量时间，所以在投资者进入这个阶段之前，往往需要筛选出一个较小的潜在投资名单。

4.3.2　因子分析

因子分析可以帮助判断对冲基金的回报是否有一定的“因子偏见”。例如，量化股权对冲基金中出现的普遍因子偏差是“价值”(在适当的估值框架下，基金对股价被低估的公司持有多头，对股价被高估的公司持有空头)、“公司规模”(基金持有小型公司的多头头寸和大型公司的空头头寸)或“动量”(该基金对股价上涨的公司持有多头，而对股价下跌的公司持有空头)。

这些因子偏见是常见的，因为对冲基金使用的量化模型往往是利用广泛的市场现象来构建的，比如资产廉价的公司或者小公司的较优表现，或者股票收益的自相关性。基金经理有接受这些偏见的正确理由,但是基金经理必须表明他们通过量化策略构建的对冲基金可以胜过这些因子带来的收益,因为购买因子复制策略的基金通常比对冲基金成本低得多。同时我们认为,建立投资组合时,这些因子如何相互关联是至关重要的。

【因子分析示例】

作为标准因子分析的一部分,我们根据 Barra 全球股票模型因子对收益建立模型,以试图了解基金的回报可以在多大程度上通过简单因子的影响来解释。这些因子包含:动量、杠杆、价值和全球股价(见图 4—2)。

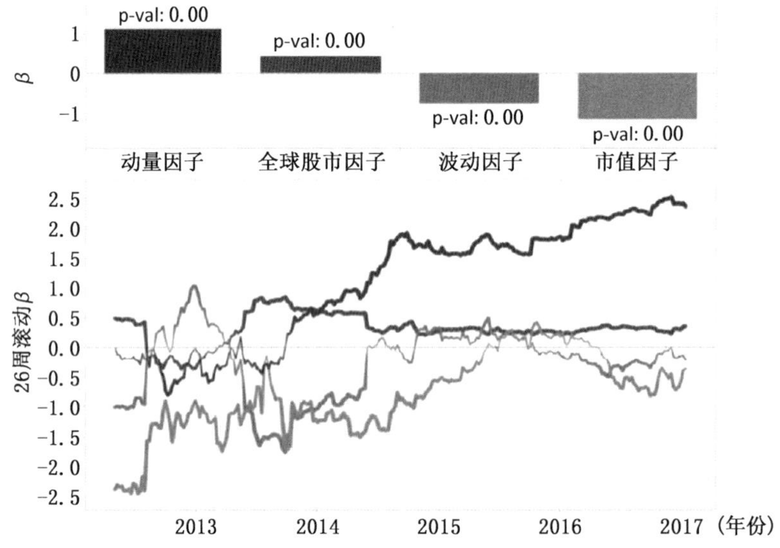

资料来源:Man FRM,Barra,2017 年 8 月(仅供参考,图片并不代表任何策略或基金的实际表现)。

图 4—2 β 因子

这也可以帮助确定包括基金经理的阿尔法在内的各种因子如何随着时间的推移来影响回报。这样对收益归因的分析可以帮助解释基金经理回报的品质,并且可以通过类似的模型来确定各种因子对基金整体风险状况的贡献。图 4—3 展示了在一个假设的策略中每个因子的风险敞口所带来的回报的比例。

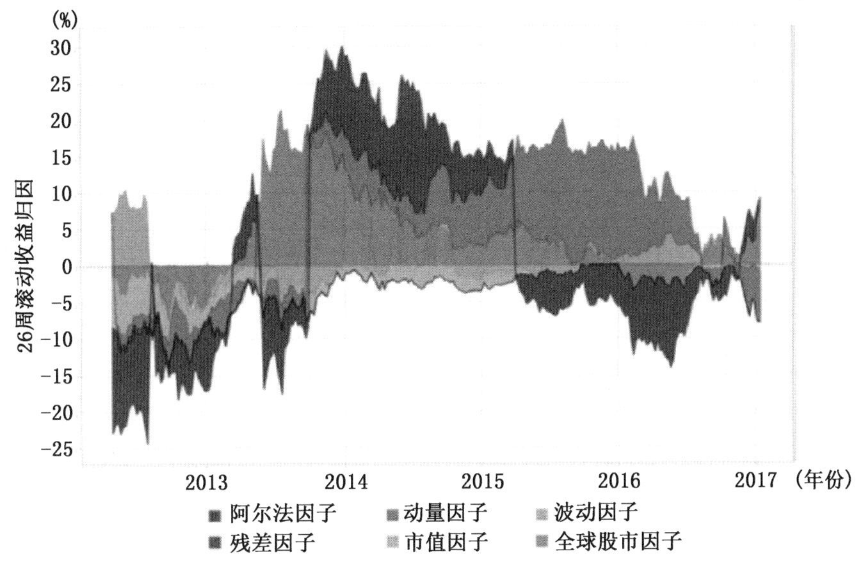

资料来源：Man FRM，Barra，2017年8月（仅供参考，图片不代表任何策略或基金的实际表现）。

图4—3 收益归因

4.3.3 投资组合适用性分析

相关性分析可用于识别和帮助了解每个对冲基金经理与现有投资组合中的传统资产之间的关系。特别是，某些量化策略，如CTA，在股市压力大的时期通常表现良好，而另一些在非常高的杠杆水平下运行的统计套利策略在市场压力大的时期就表现堪忧了。此外，某些量化策略可能会太关注于对冲风险，最终并不能带给投资者足够的回报。

【投资组合适用性分析示例】

在构建投资组合和对每个经理进行分析时，我们认为考虑不同基金经理相关性分析之间的相互作用是非常重要的。除去更标准的相关分析，以下这种方法可能会帮助你对各种场景中投资组合的预期表现产生洞见。它还可以帮助你更详细地了解是否在增加投资组合中已经存在的风险，或者在真正地分散风险。

图 4—4 展示了多种策略的标准相关分析。这样的简单工具可以作为更广泛分析的一部分，用于确定投资如何组合在一起，以及基金经理应该如何补充投资者的现有投资组合。

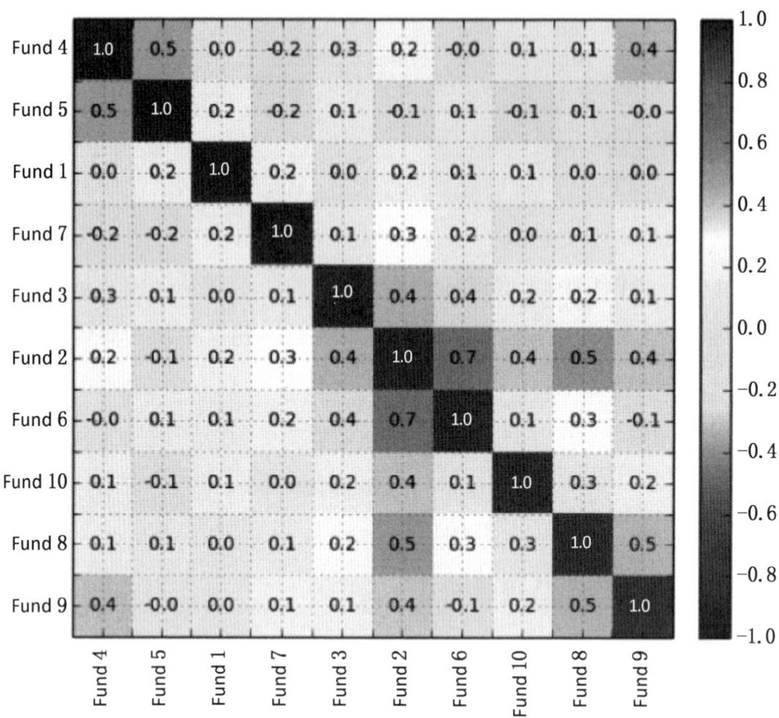

资料来源：Man FRM，Man Group 数据库，2017 年 8 月（仅供参考，图片不代表任何策略或基金的实际表现）。

图 4—4　多种策略的标准相关分析

除了因子分析和标准相关分析之外，在构建我们的投资组合时，我们将查看追踪基金经理过往记录的条件回报。虽然相关性非常重要，许多投资者仍特别关注和限制投资组合中的下行风险。历史上当相关性飙升时，这种风险更常发生，它会使多个基金经理同时遭受损失。为了尝试理解这一点，我们可以查看已有的记录中的条件收益（模拟的条件收益亦可），并且使用因子分析来理解什么时候这种情况最有可能发生。

4.4 管理期货(CTA)基金的尽调

以下是我们为个人投资者创建的列表,以帮助他们了解在投资风险资本之前应当向期货交易顾问或专业理财经理询问的问题。当然,随着新信息的出现或市场的动态变化,这个清单应当是不断更新的。

(1)作为管理期货投资者,你的个人目标是什么?

(2)你有选择 CTA 的具体过程或方法吗?比如,交易记录的长度?在不同的市场环境中 CTA 如何表现?它们通过什么途径最小化损失和最大化收益?它们的策略适应性强吗?有创新能力吗?

(3)你选择可以为你提供优势的 CTA 的具体理念是什么?

(4)你会给一个 CTA 或理财经理投资多少风险资本?对于这种风险资本,你可以接受的最大亏损为多少?作为一个投资者,你的临界点在哪里?

(5)你需要每年从这些投资中获得多少收益?你需要依靠这个收益维持基本生活吗?

(6)你的投资目标是否比较现实,还是期待"碰碰运气"?

(7)如果你发现一个 CTA 只有一半的时间在正常运行,并且在单个交易中利润是损失的 2 倍大;这些基金如果连续十次亏损,你能经受得住这样的压力吗?你的 CTA 是否有止损点,每单位头寸的最高损失是多少?

(8)你希望尝试建立一个长期还是短期交易的 CTA?是否将这个 CTA 加入一个分散的投资组合,或者是在众多的基金组合中同时拥有两种 CTA?

(9)你是参与投资决策的唯一人员,还是有合作伙伴,或具有专业知识和 CTA 投资知识的顾问?

(10)具体来说,你期望每年做交易的资金的百分比是多少?为了获得这样的结果,你愿意接受怎样的风险级别?

(11)你能接受的最大下跌幅度是多少?

(12)你如何确定你所选择的 CTA 策略是否正常运作?你知道在不同类型

的市场中该期望它们怎么表现吗?

显然,还有更多的问题你应该问自己,希望上述清单可以帮助你打开思路,帮助你发现你没有思考过的信息。

4.5 股票多空基金的尽调方法

以下八步评估过程中描述的前四个步骤将帮助你选择适合股票多空基金的投资人,后四个步骤将帮助你选择符合投资人需求的股票多空基金经理。

第 1 步:股票多空基金应当较少被推荐给高额纳税人。根据相关的分析,标准普尔 500 指数的长期净收益率达到 81%。这意味着,当投资者扣除成本和税收后,总回报率约为 81%。在大多数股票多空对冲基金中,你不应该将税率预计在 50%以上。在股票多空基金中,除非投资顾问特意控制税收影响,否则税收对净收益影响会很大,而且很少会有投资顾问这样做。

大多数多空基金是不具有吸引力的,因为管理费用高、投资组合周转高(它能产生短期资本利得)以及有与卖空相关的额外交易成本。对冲基金投资者还进一步因激励性的分配而支付绩效费(Incentive Fees),绩效费通常是组合升值部分的 20%。成本和税收的巨大影响使这些基金主要适用于拥有退休计划的人士和免税投资者。

第 2 步:股票多空基金能有效地减少短期投资组合的波动,而不是长期的。今天的机构投资市场是由每月业绩报告和评估驱动的。这主要是由于机构投资过程中会计核算层面的影响,以及机构从投资组合回报中提取现金的需要。相比之下,如果长期业绩令人满意,许多个人投资者并不会非常关心自己的 IRA(个人退休计划)或 401(k)(美国一种特殊的退休储蓄计划)的短期表现如何。对于长期投资者来说,有比股票多空基金更简单、更有效的缓和投资组合波动的方法。最适合投资股票多空基金的人群包括:(1)机构;(2)担心短期波动的个人;(3)需要从投资组合中定期取款的个人,例如有系统性提款计划的个人。

第 3 步:拥有结构化资产分配计划的客户应避免股票多空基金。多/空资金通常会在小市值公司和大市值公司之间转换权重，也可以在多头或空头方面改变净头寸敞口。虽然这可能会改善业绩，但也要为此付出代价：对资产配置决策的控制力要弱得多。确实，多空策略是否真的是一种资产分配方法是一个值得商榷的重要问题，因为有时候多空基金经理可能会做空合意的资产。

第 4 步：对于相信市场正在进入特定趋势环境的投资者而言，股票多空基金是最好的。首先，这应当是一个具有持续上升或下降趋势的市场，而不是波动起伏的市场。在一定程度上，在小市值股表现优于大市值股的时期，股票多空基金也会表现得较好。

绝大多股票多空基金的多头头寸多于空头头寸，因此它们被称作是“净多头”。例如，一个拥有 65％多头头寸基金和 35％空头头寸基金的资产组合是“30％净多头”的。当然，大多数经理会根据目前的市场环境调整净头寸敞口。

管理者需要时间来识别趋势并对多/空组合进行调整。许多股票多空基金经理都倾向于认为小市值股上涨。实际上，据观察，基金经理们会常年持有小盘股的净多头和大盘股的净空头。因此，瑞信对冲基金指数与罗素 2000 指数的平均多头期相关性(0.78)甚至高于同指数与标准普尔 500 指数的相关性(0.58)。

在持续的牛市或熊市，股票多空基金相对于标准普尔 500 指数的平均年度业绩，贡献高达＋1％；而当小盘股相对较强时，对这些基金的小盘偏好(平均)每年可以贡献到＋0.5％。在有利于大盘大涨的波动性较强的市场中，多空基金的表现更可能将逊于标准普尔 500 指数。

第 5 步：要求并仔细评估经理的做空记录和投资流程。大多数多/空基金不会针对其投资组合多空方面公布单独的业绩统计数据。但是他们应该为尽调方提供该数据，这些数据可以用于识别有天赋的多空基金经理，如寻找能够通过空头股票获得持续增值的经理，例如，如果标准普尔 500 指数在一个月内上涨 2.5％，投资组合的短期表现优于－2.5％，那么基金经理就增加了价值。

由于多种原因，基金经理从空头中获得增值比多头更困难。首先，许多多空经理已经花了大部分的工作在做多交易，并没有同等多的做空经验。其次，卖空涉及额外成本和交易复杂性，不适用于非托管基金。第三，空头的风险管理更为关键，因为随着股票上涨，经理人的错误决策（用占投资组合资产的百分比来衡量）带来的风险就越大。许多有价值意识的多空基金经理在过去一年的不同时候卖空了谷歌股票。随着谷歌股票不断上涨，关键问题是在继续增长之前是否买回了卖空的股票从而减少损失。

不要相信基金经理所谓的使用了“一致的投资过程”一类的话，因为在实践中这很难做到。你应当挖掘基金经理应用的关键决策驱动因素和风险控制。（注：一些基金经理习惯通过股票指数衍生工具或 ETF 获得空头敞口。只要记住，我们不需要付出高昂的管理费用来持有平均空头的基金。）

第 6 步：评估基金经理调整净风险敞口的历史记录。大多数多/空基金分为三类：（1）基金经理力图将净风险敞口始终保持在狭窄的范围内，如净多头为 20％～25％；（2）随着时间的推移，基金经理会逐渐增加净风险敞口的策略转移；（3）月净风险敞口急剧变化，也许是因为基金经理正在策略性或战术性地进行波段操作。在第（3）种情况下，重要的是评估基金经理过去成功的净风险敞口调整策略。净风险敞口的不利变化可能会增加多/空仓基金的风险和波动性，特别是在波涛汹涌的市场。基金经理纯粹的选股技能在保持恒定净风险敞口的基金上有最好的机会蓬勃发展。

第 7 步：评估该基金与美国股市整体的历史关联。你需要寻找与瑞信对冲基金多空策略指数长期平均值相关性低于 0.58 的基金。如果你的客户非常关心降低短期投资组合的波动性，那么应该寻找大约 0.40 或更低的相关性。这代表一个基金能够长期保持在净风险敞口的低位，并做好管理空头头寸的工作。另外，你应计算该基金与罗素 2000 小盘股基准的历史相关性。如果其值和该基金与标准普尔 500 指数的相关性大致相同（或更低），则表明不存在小盘偏差。

第 8 步：坚持一致，有同样风格的记录，并且最好在同一基金中。随着多/空基金的推广，我们可以获得更多的公开统计数据，投资顾问有充分理由质疑这些统计资料的有效性。此外，现在市场上有太多有天赋的多/空基金经理也接受不是那么强大、可靠的记录。基金经理的表现，在扣除所有费用后，应该由第三方审计或证明，期限不短于 3 年。不要接受假设或回溯测试的表现，并且应对同一基金经理在不同组织或基金的先前绩效记录保持怀疑。

这八步的过程应该提醒你，并不是所有的“热门投资理念”都适合你的客户。这是你的工作，保持客户投资组合的适合性和客观性。股票多空基金对于一小部分成熟投资者是有利可图的解决方案，但由于错误的原因，它们也被推销给太多不适合的投资者。许多投资者将来会对当初的投资感到失望。而作为专业人士，你有义务让客户免受失望的情绪。

5

对冲基金的费用条款

5.1 费率结构

对冲基金费通常包括年度管理费和基金业绩提成。

年度管理费

管理费通常被设定为资产的2%。

为经理提供收入以支付公司的运营成本。在一些大型基金中,管理费可能是基金经理利润的很大一部分。除去员工奖金的绩效费,我们比较倾向于看到年度管理费用与公司运营成本相关。鉴于企业的经营成本通常不会与所管理的资产数目一致增加,所以在理想情况下,我们更愿意看到分段管理费用结构(按投资分段收取)。然而,我们确实认识到,在某些策略中,其中阿尔法(超额收益)的产生依赖于研究资源的增长或持续的技术投资。

业绩提成

业绩提成或绩效费通常是扣除管理费用后,以基金的利润净额的百分比计算。业绩提成一般用于支付职员奖金和股东红利。通常,对冲基金收取净收益的20%作为业绩提成，有收益的时候会产生。

5.2 门槛收益率和高水位线

门槛收益率

使用门槛收益率表示经理不会在业绩超过预定目标之前收取业绩提成费用。使用一个门槛会鼓励对冲基金经理提供比传统投资（通常风险较低）更高的收益。

经理可以采用"软"门槛，如果达到了门槛收益率，费用会依据所有收益来计算。

也有经理采用"硬"门槛，即只对高于门槛收益率部分的收益支付费用。

我们偏好于含有适当的门槛收益率的费用结构。它们应当反映基金的净市场风险水平，虽然实际上这做起来是很困难的。此外，基于无风险利率的门槛收益率会更加可行。

高水位线

高水位线可用于约束绩效费，从而限制应支付的费用。它可以防止经理在相同的收益水平上多次获得业绩提成，这意味着只有当投资价值超过以前的最高价值时，经理才会收到绩效费用。如果投资价值下降，基金经理必须将其提升到先前的最高价值，才能收取进一步的绩效费用。

一些基金经理使用经调整过的高水位线，例如摊销高水位线，它能将任何损失平摊到一个较长的时期，使得基金经理至少能在本期赚取一些业绩费用。通过重设高水位线，在经过一段确定的时间后，任何损失都将被"清零"，这意味着基金公司可以在达到上一个峰值之前再次收取费用。

5.3 主要条款

对冲基金合约中描述的主要条款是透明度、流动性、门控、侧袋机制、关键人物条款、初始锁定期、赎回障碍。

以下是每个条款的解释以及我们对于每个条款该如何进行谈判的观点。

透明度

过去提供对冲基金的传统资产管理者的透明度较低，主要是为了保留任何被认为是信息和分析方法的优势。这助长了对冲基金绝密的名声。虽然我们对此表示理解，但行业的动态也发生了变化，基金经理必须越来越多地尊重机构投资者及其顾问的信托报告要求。

大多数对冲基金会提供关于基金中所承担的风险和重要职位的详细说明，但有些对冲基金仍然保持有限的透明度。

流动性

对冲基金通常提供每月、每季度或每年的流动性，并要求投资者提供最小赎回通知期限，这通常为 30～180 天。

门控

如果大量的赎回事件同时发生，门控将为投资组合提供稳定性。这可以适用于每个投资者或者整个基金。设定门控可以帮助缓解“囚徒困境”，在这个困境中，如果投资人观测投资大幅贬值或者预期要大幅下跌，就会争先提出赎回要求，正如 2008 年底的情况一样。但是，如果应用得当，基金门控也可以作为保护投资者利益的守卫，确保他们持有的不是流动性最差的资产。然而，基金经理应首先寻求将基金的流动性条款与投资组合资产相匹配，而不是依靠门控来保护基金。

侧袋机制

侧袋机制是指将难以合理估值的风险资产从基金组合资产账户分离至另一个单独的专门账户进行独立存放、运作、管理及核算，以确保剩余基金资产正常运作的机制。这个账户称为侧袋账户，原组合资产中的剩余资产存放的账户称为主袋账户。

关键人物条款

对冲基金通常具有对基金策略或业务至关重要的人物。

当基金严重依赖关键人物，而且基金不能为客户提供足够的流动性时，使用关键人物条款可确保关键人物能够到位，如果关键人物遇难、丧失工作能力或辞职，该条款允许投资者退出基金。其他这样的条款可能涉及最小共同投资水平或企业所有权的重大变化等。这种规定可能涉及放松锁定期的早期赎回权、放弃投资者费用或授予投资者投票权。

初始锁定期

初始锁定期可能因一些有效的理由存在，特别是对于较新的基金，这样的条款给予基金经理建立投资组合的时间，特别是对于采用相对不流动的策略的基金。此外，基金经理可能会通过这样的条款尝试吸引信任该基金的长期投资者。

我们认为锁定期限应该是合理的，并且至关重要的是在锁定到期时，资产组合应当与流动性条款一致。

赎回障碍

某些资金在赎回日后的几天内就可以将赎回所得收益的100％返还给投资者。其他的基金则会持续持有5％～10％的资金直到年终审核完成才会全部返还。对于投资者1月份的赎回，审计拖欠可能意味着资金将超过15个月才会完全归还。

6

组合型基金

6.1 投资哲学:约翰·博格尔 VS 沃伦·巴菲特

被动型

约翰·博格尔

主动型

沃伦·巴菲特

6.1.1 约翰·博格尔的投资哲学

约翰·博格尔(John Bogle)是先锋集团的创始人,在先锋集团里,大多数人青睐于低成本的指数基金。但是,他最开始的投资方式却不是这样的。他毕业于普林斯顿大学,并在惠灵顿管理公司工作,在那里他迅速晋升为主席。之后他因为一项失败的兼并业务遭到解雇，那次经历给了他深刻的教育意义，并促使他创设了先锋集团。随着他的新公司和指数基金的发展，博格尔把先锋集团发展为全球第一大共同基金和第二大交易所交易基金(ETF)提供商。

作为广泛基础指数共同基金的创始人，博格尔将他的注意力集中在被动管理的和低成本基金上。为了帮助个人投资者增加资产，博格尔给出了以下建议：

- 关注投资策略的简单性(例如，不要太频繁地调整资产配置)；
- 减少与投资相关的成本和费用；
- 考虑长期投资；
- 依靠理性分析和避免受投资决策过程中的情绪影响；
- 指数投资的普遍性策略适用于个人投资者。

博格尔自己的投资组合一直严格关注美国市场，这引起了当代投资者的不解，同时也带来了一些批评，但是博格尔长期以来坚持认为他的做法并不是以美国为中心，而只是因为美国投资市场是他最了解的。

6.1.2 沃伦·巴菲特的投资哲学

沃伦·巴菲特(Warren Buffett)基于他初始的资本金额以及他能够迅速增长的资本，被普遍视为是世界上最成功的投资者。在他实行合伙关系投资之前，巴菲特做过各种投资工作，最后每年大概可以赚取 12 000 美元。当说起他的合伙关系时，巴菲特说道："在此之前他个人储蓄约为 17.4 万美元，而如今他已将这笔金额变为约 1 000 亿美元!"

巴菲特的投资重点非常简单：以低廉的价格购买公司，通过管理或其他方式来改善它们，并实现股票价格的长期提升。他一直寻找他所了解的公司，并保持这个非常简单的投资逻辑。许多人批评他避开科技公司和其他行业，但是巴菲特认为他能够获得惊人回报的原因正是因为他坚持投资自己所了解的领域。

沃伦·巴菲特的投资侧重于内在价值和简单性。《金钱大师》(1980)的作者约翰·特雷恩(John Train)简要描述了巴菲特的投资方法：巴菲特思想的本质在于将商业世界划分为少量值得投资的优秀企业以及大量不利于长期投资的不良或平庸的企业，大多数时候大部分交易都不值它们的售价，但在极少数情况下，有价值的交易却低得几乎如同赠送一样。在这种情况下，巴菲特就会大胆购买，不必关注当前低迷的经济和股市的预测。

巴菲特“优秀企业”的标准包括以下方面：

- 没有大量债务，资本回报率高；
- 可以充分理解的商业模式；
- 可实现的利润现金流；
- 强大的特许经营权和自由定价权；
- 不依赖于职业经理人；
- 可预测收益；
- 业主管理。

6.2 阿尔法（Alpha）和贝塔（Beta）分开

6.2.1 基于收益的贝塔分析

贝塔是可归因于市场整体收益的投资组合的收益。阿尔法则是超额收益，提供优势让你（或你的投资经理）击败市场。对于大多数投资者来说，阿尔法和贝塔是不可分割的。但最富有经验的投资者现在正在分开这两者，也就是将分开他们对阿尔法的决策与贝塔的决策。这种新的投资技术使投资者能够更好地控制其资产配置策略和控制成本，最重要的是最大化收益。

另类贝塔

阿尔法/贝塔分离和现代投资技术的结合产生了全新的资产类别——另类贝塔（Alternative Beta），复制对冲基金等替代资产类别的策略以获得回报，同时这类基金与传统市场关联度低，避开了传统市场的影响。随着技术的发展，许多对冲基金的操作由人工转为简单的计算机指令，从而使复制对冲基金的操作变得简单，给予另类贝塔基金发展的空间。这类基金也避免了传统上与对冲基金策略相关的高成本。由于对投资组合回报影响最大的是资产配置，因此另类贝塔能够创建不关联资产类别的能力是具有很大优势的。

这些因素结合起来形成一个引人注目的课题。降低成本、更可预测的成果和增加灵活性的组合似乎是一个自然的赢家，但是，尽管有这些理论上的优势，阿尔法/贝塔分离也有需要注意的事项。

首先，管理完整的阿尔法/贝塔分离的组合不适用于非专业的投资者，投资组合的复杂性需要很多的专业知识和分析。虽然任何资产配置策略都需要微调，但当阿尔法本身就是资产类别时，注意相关性和绝对收益就变得至关重要了。更重要的是找到优秀的阿尔法管理者，很少有基金经理人能够一直超过他们的基准。

在学术界，很多人认为在大多数市场中寻求阿尔法是一个零和游戏，根据定义，一个积极的基金经理的盈利就意味着另一个的亏损。事实上，即使是对阿尔法和贝塔的准确定义，也有长期的学术辩论。

尽管有争议，阿尔法/贝塔分离也逐渐成为一些机构的选择。世界上最大和最先进的机构投资者正在采取这种做法。2008 年 8 月，马萨诸塞州养老金储备投资管理委员会宣布，正在解雇其主动型基金经理，并将其 500 亿美元的投资组合转向一种指数/便携式阿尔法结构。2005 年，瑞典养老金系统将 140 亿美元转换为严格的阿尔法/贝塔分离系统，其通过降低成本并增加其投资组合中真正与传统市场不相关的阿尔法的方式来实现这项转移。此后，该计划再次转移了 320 亿美元。

6.2.2 基于收益的风格分析

基于收益的风格分析来自夏普(Sharpe)风格分析模型，它是一种统计技术，用于确定被动指数中通过相关市场指数的加权组合复制在特定时间段内基金的实际收益,而所选择的被动指数通常代表特定资产类别内的不同投资风格。这种方法的主要优点是不需要了解构成投资组合或其比例的具体证券。因此,当投资组合没有数据可用时,或者如果我们不确定可用的数据是否可靠时,那么它是唯一可以使用的方法。

贝塔:简单地说,风格分析试图将管理者的回报归因于被动指数的收益(即"免费"获取的市场贝塔)。

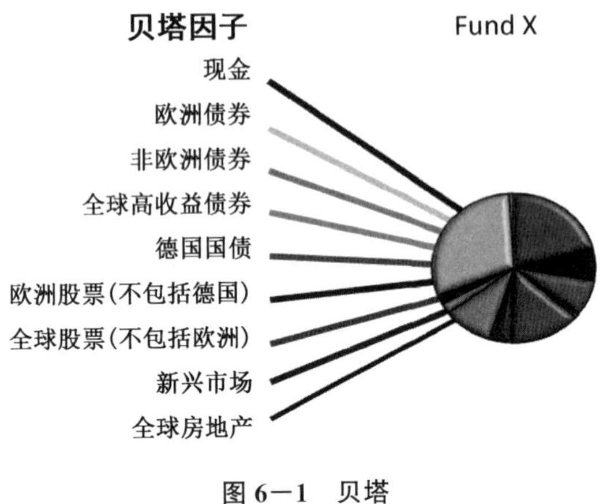

图 6—1 贝塔

阿尔法:经过调整贝塔风险后,基金经理可以通过决定阿尔法的波动来获取特定的阿尔法。

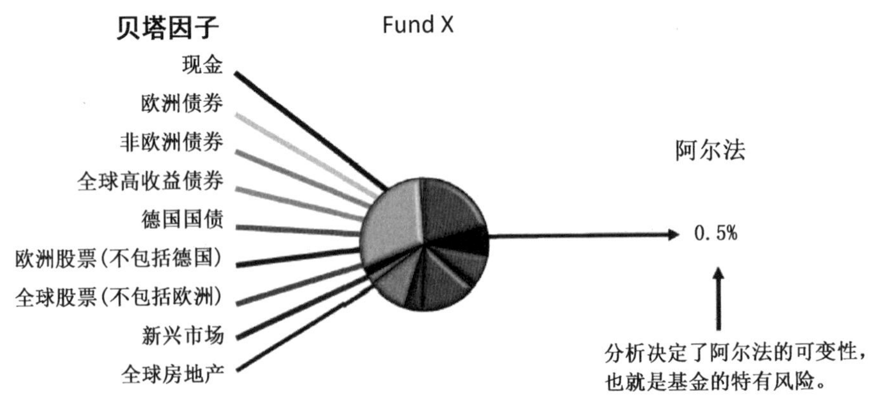

图 6—2 阿尔法

6.2.3 预测基金经理的阿尔法

预测阿尔法的能力是聘用主动型基金经理的一项重要参考标准，投资者也需要更多地关注这个方面。投资者需要主动预测阿尔法，以确保其基金经理的投资组合不是随机组合过去的赢家和输家。

虽然预测阿尔法很难，但是可以做到。

聘用主动型基金经理，投资者需要有能力识别出具有挑选证券和其他投资产品技能的基金经理。

Kahn(2000)表明，在一个理想的优化投资组合中，基金经理权重 w^*_{Mgr} 将与基金经理预期的阿尔法 α_{Mgr} 成正比，与跟踪误差的方差 ω_{Mgr} 成反比：

$$w^*_{Mgr} \sim \frac{\alpha_{Mgr}}{\omega^2_{Mgr}}$$

也就是说，最优管理者权重乘以管理者的跟踪误差，与经理人的预期信息比例(Information Ratio)成正比：

$$w^*_{Mgr}\omega_{Mgr} \sim \frac{\alpha_{Mgr}}{\omega_{Mgr}} = IR$$

因此，投资者基于基金经理的最佳投资组合可以对基金经理预期的阿尔法进行估计。

6.3 组合型基金的构建

6.3.1 长期资产配置决定

资产配置是投资者必须要做的决定，投资者必须选择如何在几个资产类别中分配。现代投资组合理论(Modern Portfolio Theory，MPT)是哈里·马科维茨(Harry Markowitz)在其《投资组合选择》一书中提出的一种投资理论，其基础是风险厌恶投资者可以根据给定的市场风险水平来构建投资组合以优化或最大化预期收益，并且强调风险与更高回报之间的关系。

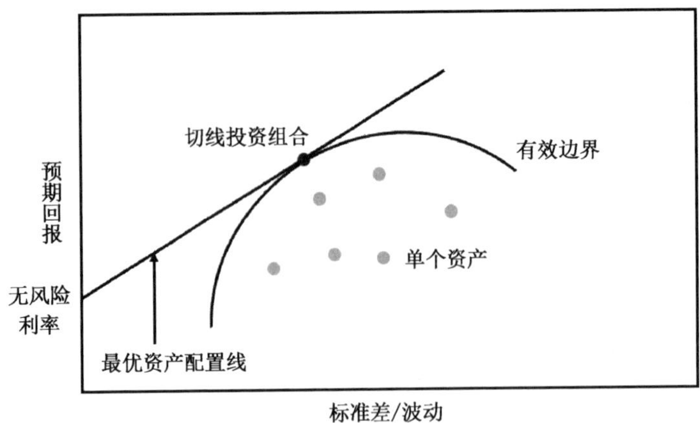

图 6—3　现代投资组合理论

原则上，一旦知道资产的预期收益率和协方差，就可以用单个证券与其他证券收益率的协方差来衡量投资组合的风险，求出最佳的投资组合。虽然现代投资组合理论是一个重要的理论进步，但其应用普遍遇到了一个问题：很难有效预测期望收益率。Black-Litterman 模型则克服了这个问题，该模型以市场均衡假设推出的资产收益率为出发点，结合投资者的主动判断，得到新的收益率的分布，然后再以此求最优解，即最佳的投资组合配置。

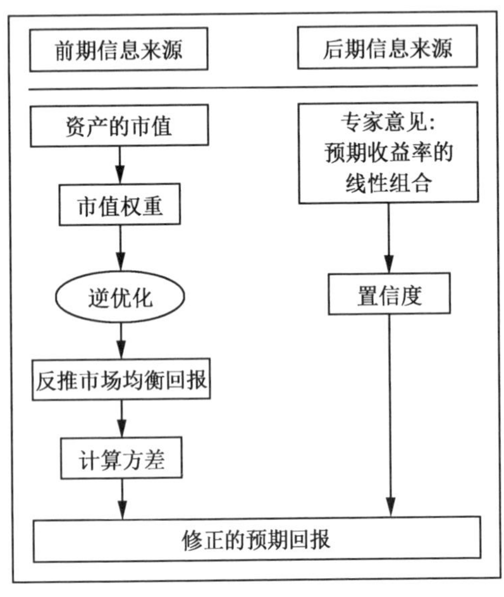

图 6—4　Black-Litterman 方法的不同步骤

该模型考虑了两个信息来源:市场均衡预期回报和投资专家意见。该机制量化了第二信息来源的影响,即后验(投资专家意见)对先验信息(市场均衡预期回报)的影响。

6.3.2 均值—条件风险价值优化

均值—条件风险价值(Mean-CVaR)是对下行风险的衡量指标,对于更关心下行风险的投资者来说,这是更适合使用的模型。当投资的资产具有收益分布不对称或肥尾态时,这尤其重要。条件风险价值(CVaR)的"次可加性"属性意味着投资组合的风险至多等于单个资产风险的总和。这是很直观的,因为它与分散投资的优势是一致的。

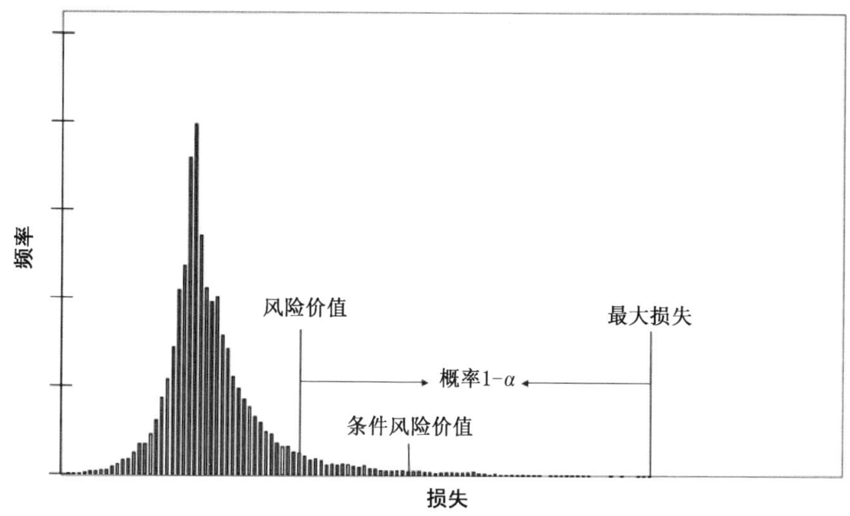

图 6—6 条件风险价值

传统的均值—方差最优(Mean-Variance Optimisation)可以得到一个有效边界组合,使每单位方差(风险)的回报最大化,或者等同于在给定收益水平下使方差最小化。相比之下,均值—条件风险价值法是在给定水平的条件风险(CVaR)下最大化收益,或者等同于在给定收益水平下最小化条件风险。条件风险价值衡量左尾的预期损失假定已经达到某个特定阈值，例如可能的未来结果分布中最差的第 1 或第 5 百分位数。

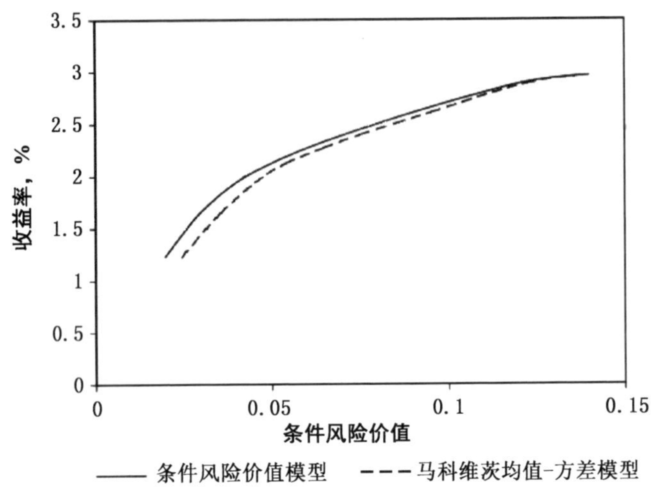

图 6—6　均值—方差最优和均值—条件风险价值比较

为了获得有效的资产配置权重，均值—条件风险价值法将资产配置中肥尾态和偏度的因素考虑在内。更具体地说，均值—条件风险价值法倾向于具有较高偏度、较低峰度和较低方差的资产。

6.3.3　组合型基金的优化

根据不同的风险偏好，投资者可以构建不同比例资产的投资组合。如图 6—7 所示，在马科维茨有效边界模型中，从保守、温和到激进的投资组合，相应的股票比例在增加、债券比例在逐步减少，这也意味着预期收益的提高总是伴随着更高的风险。投资者可以通过调整不同资产的比例以实现预期目标。

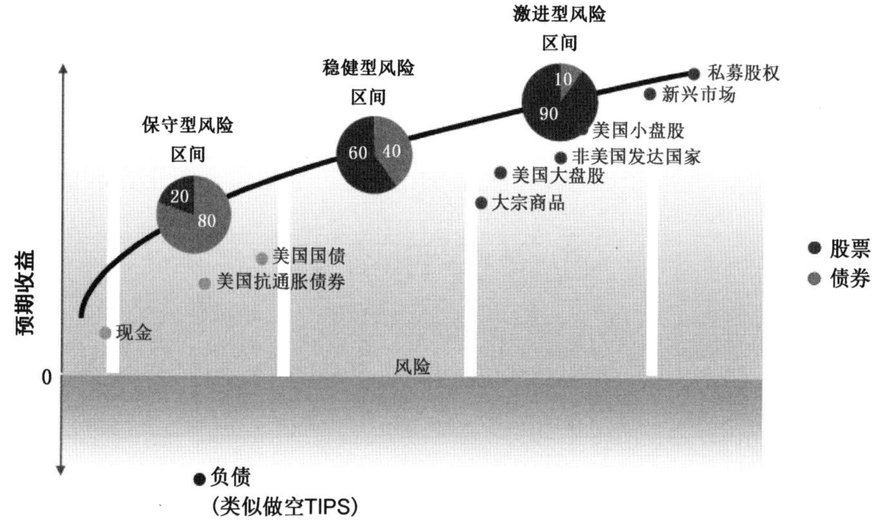

图 6—7 马科维茨有效边界模型

而当我们在投资组合中加入一定比例的基金时,在给定单位的风险下,有效边界上移,即可获得更高的超额收益阿尔法。因此,加入绩效更佳的基金相应能够带来更高的回报(见图 6—8)。

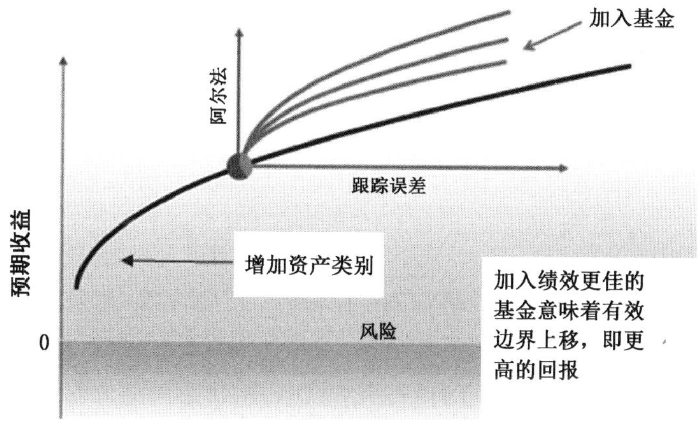

图 6—8 组合型基金的优化

7

基金公司介绍

本章选取了 8 家或资产管理规模高或著名或富有特色的对冲基金公司进行简要的介绍。介绍的内容包括公司的基本信息、投资理念、旗舰基金等。

需注意本章信息来源于公司官网和互联网公开资源，目的仅为提供更多信息以进行学术讨论和满足学术兴趣，并不代表本书可证明其材料的真实性、合法性，也不代表本书同意其说法或描述。本书无意对它们进行宣扬或对比，也不构成任何投资建议。如读者希望进一步了解相关信息，请访问官网或和公司取得直接联系。

7.1 CQS

7.1.1 公司概况

CQS 是一家位于伦敦的全球性的多策略信贷资产管理公司，由迈克尔·亨茨爵士(Sir Michael Hintze)于 1999 年创立，主要从事可转债、资产抵押证券、信贷、贷款和股票业务。自 2000 年 3 月启动第一个投资策略以来，该公司现在正在为全球机构投资者管理另类投资、多头基金和定制投资方案。其投资者包括养老基金、保险公司、主权财富基金、组合基金、私人银行和家族办公室。截至 2022 年 5 月，该公司管理了约 200 亿美元的一系列多头基金、另类投资和定制业务。

7.1.2 竞争优势

全球性,多策略能力

在伦敦、纽约和香港市场管理投资组合。

在全球市场上拥有强大和多样化的覆盖面,与银行、企业赞助商和投资者建立了密切的关系。

能够管理广泛的资产类别,包括复杂和流动性较低的信贷。

基本面研究

CQS 的投资方法是以基本分析为中心,在全球范围内确定企业资本的绝对和相对价值,并将这种基本面研究与积极的投资管理相结合,为投资者创造价值。自 2000 年 3 月推出第一个策略以来,CQS 现在为全球机构投资者管理另类、长期和定制的服务。其强大的运营和风险管理平台为所有客户的委托提供流动性管理和风险监测。

交易经验

积极交易多空方面的历史和文化,力求捕捉超额收益(无基准或买入市场)。

稳健而灵活的决策。

在不同的市场条件下灵活决策和风险定价的经验。

寻找项目能力

CQS 在跨越数十年的合作中拥有跨银行、私募股权和公司管理的强大关系。

CQS 被视为领先的另类信贷搭建者和提供商之一。

CQS 有能力为借款人提供广泛的可操作资本结构解决方案。

业绩记录

CQS拥有资深的投资组合经理团队，在公共债务市场（高收益、ABS、金融产品和可转债）、私人债务市场（贷款、折旧和资产负债表交易）、相关衍生品市场、公开股权和波动性贸易市场均有丰富的经验。

7.1.3 投资策略

CQS目前的主要投资策略如表7—1所示。

表7—1 CQS投资策略

描　述	策略亮点
仅多头	
多资产信贷	该策略旨在建立仅多头的全球信贷投资组合，主要利用次级投资级信贷的机会。该方法主要投资于高级担保贷款、高收益和投资级企业信贷、资产抵押证券和可转换债券。
总收益信贷	该策略提出一个灵活的多行业信贷解决方案，旨在利用全球贷款市场的机会。该策略结合了自下而上的基本面研究和自上而下的资产配置，主要投资于发达市场的企业信贷。
可转换证券:平衡	该策略以有吸引力的风险调整回报为目标，投资于全球多样化的可转换证券组合。该策略侧重于单个证券选择，目的是最大限度地提高上行潜力，同时防止下行的风险。
可转换证券:增长	该策略以资本增值和控制风险为目标，该策略专注于具有吸引力的和强大的股票升值潜力的增长型/复苏潜力的公司。
贷款	该策略通过积极的投资组合管理，利用全球贷款市场的混乱和机会，以及违约概率和违约损失的变化。
私人信贷	
监管资本	银行与投资者分担部分贷款风险，并支付息票作为回报。投资者获得稳定的收益，并能获得难以获得的贷款。
另类资产	
定向多策略	CQS创始人迈克尔·亨茨爵士提出的高信念、多资产类策略。该策略的重点是确定主题，并在全球资产市场上识别错误定价。团队在评估整个资本结构的复杂性上有丰富的经验。
资产抵押证券	该策略重点是利用ABS市场范围内信贷和相关风险定价的低效率，投资于住宅抵押贷款支持证券(RMBS)、抵押贷款债务(CLOs)等。

续表

描　述	策略亮点
绝对回报可转换债券	该策略是以绝对回报的目标进行管理的符合 UCITS 标准的可转换债券策略。该策略旨在创造资本增长，同时通过谨慎选择接近其债券底价的可转换债券，在相关股票有价格升值潜力的情况下寻求保存资本。
投资信托	
投资信托	CQS 拥有的 New City Investment Managers 管理 3 个资源类基金和 1 个高收益基金。

资料来源：CQS 官网，截至 2022 年 11 月。

7.2 Aspect Capital

7.2.1 公司概况

Aspect Capital 是一家位于伦敦的全球投资管理公司。Aspect 应用系统和定量的方法进行投资管理，致力于给客户的投资组合创造高质和多样化的差额收益。截至 2022 年 11 月，公司管理了超过 100 亿美元的一系列系统性投资项目。其中 40 亿美元通过一系列基金和客户特定的管理账户工具投资于"Aspect 多元化计划"（及略作调整的方案）。Aspect 由安东尼・托德（Anthony Todd）、马丁・吕克（Martin Lueck）、迈克尔・亚当（Michael Adam）和尤金・兰伯特（Eugene Lambert）于 1997 年成立，目前由在开发和应用系统性投资策略领域具有丰富经验的资深团队管理。

Aspect 的创始人迈克尔・亚当和马丁・吕克参与了 Adam，Harding & Lueck（AHL，现在是 Man Group plc 的一部分）的发展，该公司是应用定量技术于投资管理领域的先驱者之一。Aspect 的董事以及公司员工和员工福利信托，目前一共持有约 98％的公司股份。

Aspect 有一支由超过 110 名具有广泛背景和技能的人员组成的专业团队，Aspect 认为多样化的经验可以增强创造力和解决问题的能力，而这正是量化投资的关键属性。公司大量投资于其持续研究驱动型的定量超额收益生成系统并能够高效管理各类流动资产。该公司强调强有力的公司治理,并为包括许多世界领先的机构投资者在内的客户群提供一流的投资者服务。自 2010 年 1 月 1 日起,Aspect Capital 一直是对冲基金标准委员会(HFSB)标准的签署人。

7.2.2 投资哲学

Aspect 的投资哲学自公司成立以来一直保持一致,即运用科学的投资方法。Aspect 相信市场价格不是随机的,而是表现出持续的、统计上可衡量的和可预测的行为与特质。通过复杂的定量研究和严格方法,这些特征就可能被成功地识别、利用,并产生投资利润。

Aspect 的超额收益生成模型试图在多个中期时间范围内(几周到几月)定量识别和系统地捕获这些特征,利用 Aspect 的专有系统,就可以有效地将模型中的“信号”转化为投资决策。Aspect 致力于通过前瞻性的研究工作持续支持和发展其超额收益生成模型,这旨在提高模型创造超额收益的能力,并确保模型适应不断变化的市场和竞争环境。Aspect 采用系统性的、基于动量的投资策略,目标是创造独立于主要资产类别产生的回报之外的可观的资本增长,同时控制投资组合中的整体风险水平。

7.2.3 行业优势

- 经验:在量化投资领域的开创人员
- 研究:侧重于跟随系统性的中期趋势
- 多元化:不相关回报的重要来源
- 业绩:强劲的绝对业绩和相对业绩
- 能力:卓越的程序化能力
- 文化和价值:完善的公司管理架构
- 客户服务:致力于最高程度的透明化

7.2.4 多元化投资计划

Aspect Capital 目前的主要投资策略和表现如表 7—2 所示。

表 7—2　　　　投资策略和表现

<table>
<tr><th colspan="4">Aspect 多元化计划(Aspect Diversified Programme)</th></tr>
<tr><td>简介</td><td colspan="3">这是一个系统性的、基于动量交易的投资方案,适用于许多流动性最强的全球金融和商品期货、货币远期和其他衍生品合约。这个计划目前在 8 个不同资产类别的 180 多个市场的 230 多个合同中运作,寻求产生可持续的、高质量的回报,与主要资产类别的回报不相关。</td></tr>
<tr><td>起始日期</td><td>1998 年 12 月</td><td>市场</td><td>超过 180 个期货、外汇远期和其他衍生品合同</td></tr>
<tr><td>媒介</td><td>• 开曼旗舰基金
• 在岸流动性结构:欧盟可转让证券集合投资计划(简称 UCITS)
• 管理账户</td><td>收益表现(自成立以来)</td><td>523.42%</td></tr>
<tr><th colspan="4">Aspect 核心多元化计划(Aspect Core Diversified Programme)</th></tr>
<tr><td>简介</td><td colspan="3">这是一个中期趋势跟踪方案,采用纯粹的单因素时间序列动量法。</td></tr>
<tr><td>起始日期</td><td>2014 年 11 月</td><td>市场</td><td>140 个高流动性的金融和商品市场:交易所交易的期货和外汇</td></tr>
<tr><td>媒介</td><td>• 在岸和离岸混合基金
• 美国 1940 年投资公司法(the Investment Company Act of 1940)
• 管理账户</td><td>收益表现(自成立以来)</td><td>44.62%</td></tr>
<tr><th colspan="4">Aspect 另类市场计划(Aspect Alternative Markets Programme)</th></tr>
<tr><td>简介</td><td colspan="3">该计划应用于另类市场组合,采用中期趋势跟踪策略。该计划投资于强化的趋势捕捉模型并应用于非传统市场,包括场外资产类别、新兴市场、ETF、流动性较差的期货以及难以进入的信贷和互换市场。</td></tr>
<tr><td>起始日期</td><td>2017 年 11 月</td><td>市场</td><td>在超过 200 个市场交易</td></tr>
<tr><td>媒介</td><td>• 离岸基金</td><td>收益表现(自成立以来)</td><td>80.66%</td></tr>
<tr><th colspan="4">Aspect 中国市场多元化计划(Aspect China Diversified Programme)</th></tr>
<tr><td>简介</td><td colspan="3">这是一个基于动量交易的系统性投资策略,使离岸投资者能够投资于多样化的中国金融和商品期货。它部署了多种系统性的投资策略,寻求识别和利用中国资产的方向性变动。该方案在超过 40 个中国国内期货市场运作,涉及 6 个不同的资产类别。</td></tr>
<tr><td>起始日期</td><td>2021 年 10 月</td><td>市场</td><td>在超过 40 个流动的中国金融和商品市场交易,包括橡胶、大豆、铜、玻璃、中国 10 年债券。</td></tr>
<tr><td>媒介</td><td colspan="3">通过互换(Swap)进入中国在岸市场的离岸工具</td></tr>
</table>

资料来源:Aspect Capital 官网,截至 2022 年 11 月。

7.3 AQR 资本

7.3.1 公司概况

AQR 全球资本管理公司是世界上最大的对冲基金之一，总部位于美国康涅狄格州格林尼治，由克里福德·阿斯尼斯(Cliff Asness)、大卫·卡比勒(David Kabiller)、罗伯特·克莱尔(Robert Krail)、约翰·刘(John Liew)和 10 名员工于 1998 年在纽约市创立，以其学术性投资方法而闻名。首席执行官克里福德·阿斯尼斯师从诺贝尔经济学奖获得者尤金·法玛(Eugene Fama)，是坚定的多因子选股策略践行者，坚持价值投资导向。该公司的第一个产品就是对冲基金。截至 2022 年第三季度，AQR 目前管理着约 1 450 亿美元的总资产，公募产品以股票型和另类投资型为主。近年 AQR 由于基金表现不佳，管理规模有所下降，但今年在通胀驱动的价格持续上涨的背景下，其趋势跟踪策略获得了巨大的收益。

7.3.2 投资原则

AQR 的投资理念是基于以下三项核心原则，并建立在 AQR 超过 20 年的研究和经验之上，以期为投资者提供可持续的长期价值。

基本面投资

依靠健全的经济理论和分析，提供长期的、可重复的投资策略和建议。

系统化应用

以严谨的方法为工作的基础，投资流程建立在设计、完善、测试、重复的不断验证和更新之上，这个方法论的建立已经有 20 多年的历史。

深思熟虑的设计

在投资组合构建、风险管理和交易方面，AQR 利用定性和定量工具为客户寻求额外的价值。

就风险管理而言，AQR 的风险管理团队负责监督金融和非金融风险的各个方面，包括市场和流动性风险、对手风险、模型风险、操作风险和技术风险。公司采用了一个企业风险框架，提供了一个强大的管理结构，确保了风险决策的独立性。在 AQR，风险管理部门与投资组合管理、研究和交易团队密切互动，共同管理风险，目标是共同确保投资组合在突发和严重不利的压力事件下是可控的。

7.3.3 在管理基金

AQR 资本目前的在管理基金及其策略如表 7—3 所示。

表 7—3 AQR 在管理基金

基金名称	资产管理规模（百万美元）	成立时间	收益表现（自成立以来）
另类投资——单一策略			
AQR Diversified Arbitrage Fund	1 529	2009-01-15	12.80%
AQR Equity Market Neutral Fund	186	2014-10-07	3.15%
AQR Long-Short Equity Fund	554	2013-07-16	8.52%
AQR Macro Opportunities Fund	161	2014-04-08	3.79%
AQR Managed Futures Strategy Fund	1 615	2010-01-05	2.56%
AQR Managed Futures Strategy HV Fund	176	2013-07-16	3.40%
AQR Risk-Balanced Commodities Strategy Fund	456	2012-07-09	2.15%
AQR Sustainable Long-Short Equity Carbon Aware Fund	25	2021-12-16	15.70%

续表

基金名称	资产管理规模（百万美元）	成立时间	收益表现（自成立以来）
另类投资——多重策略			
AQR Alternative Risk Premia Fund	158	2017-09-19	0.67%
AQR Diversifying Strategies Fund	166	2020-06-08	4.20%
AQR Style Premia Alternative Fund	951	2013-10-30	4.53%
AQR Emerging Multi-Style II Fund	492	2015-02-11	0.83%
股票——大盘股			
AQR Large Cap Defensive Style Fund	4 339	2012-07-09	12.93%
AQR Large Cap Momentum Style Fund	762	2009-07-09	13.75%
AQR Large Cap Multi-Style Fund	1 025	2013-03-26	10.68%
股票——小盘股			
AQR Small Cap Momentum Style Fund	224	2009-07-09	12.17%
AQR Small Cap Multi-Style Fund	122	2013-03-26	8.86%
股票——全球/国际			
AQR Global Equity Fund	306	2006-06-30	5.68%
AQR International Defensive Style Fund	272	2012-07-09	4.84%
AQR International Equity Fund	27	2004-07-30	4.61%
AQR International Momentum Style Fund	363	2009-07-09	5.63%
AQR International Multi-Style Fund	438	2013-03-26	3.69%
股票——新兴市场			
AQR Emerging Multi-Style II Fund	492	2015-02-11	0.83%
多重资产			
AQR Multi-Asset Fund	152	2010-09-29	5.40%

资料来源：AQR 官网，截至 2022 年 11 月。

7.4 元盛资产

7.4.1 公司概况

元盛资产管理(Winton Capital Management)是一家英国投资管理公司,总部位于英国伦敦,物理学家兼基金经理大卫·哈丁(David Harding)是其创始人和首席执行官。1987 年,大卫·哈丁与迈克·亚当、马蒂·卢克共同创立了 Adam Harding and Lueck(AHL),这是欧洲最早使用系统性趋势跟踪策略的管理期货基金(CTA)之一,后来被 Man Group 收购,至今仍是 FTSE 的基石之一。他于 1997 年创立了元盛资产管理公司,该公司是金融数学和金融市场科学研究的全球领导者。截至 2022 年 6 月,元盛的资产管理规模约 92 亿美元。在元盛,交易是高度自动化和系统化的,基金经理使用计算机算法在全球 100 多个期货市场进行金融资产的期货交易,包括股票、货币、债券、商品和能源等。

7.4.2 投资哲学

在元盛,基金经理主要采取量化投资策略,涉及数千种证券,横跨世界主要流动资产类别。

从数据开始

元盛资产擅长从数据中挖掘信息。研究人员收集任何可能帮助预测金融市场的数据,建立数据集,从资产价格和交易量到轨道车装载量和信用卡交易。

在噪音中寻找信息

研究人员利用统计和数学建模、模式识别和机器学习技术,在大量的数据中提取有用的信息以预测市场信号,这些信号构成元盛量化投资策略的基础。

了解市场模式

元盛资产的投资战略设计是以统计数据为基础寻找市场规律，结合适当的风险和成本控制以做出预测和投资决策。

丰富的执行经验

元盛资产开发了相关的技术，以便在广泛的全球市场和工具中有效和系统地执行策略。

站在量化投资的最前沿

元盛资产对这种以研究为主导的投资方法进行了大量投资，致力于实现为投资者提供长期资本增值的目标。成立 20 多年来，该公司一直处于系统性投资量化方法的最前沿。

7.4.3 主要策略

元盛资产目前的主要投资策略如表 7—4 所示。

表 7—4　　元盛资产主要策略

<table>
<tr><th colspan="4">多重策略</th></tr>
<tr><td>风格</td><td>量化多重策略</td><td>市场</td><td>在 8 000 多个交易所和场外交易市场进行交易，包括期货、股票、远期和掉期。</td></tr>
<tr><td>策略</td><td>· 趋势跟踪
· 系统性宏观
· 股票风险预估
· 阿尔法捕捉</td><td>起始日期</td><td>1997 年 10 月</td></tr>
<tr><td>基金</td><td colspan="3">· Winton Diversified Fund (UCITS)：设立于 2017 年 7 月 3 日，基金规模约为 1.06 亿美元，自成立以来的年化回报为 1.22%
· 美国在岸基金
· 离岸基金
· 管理账户</td></tr>
</table>

续表

多元化宏观策略			
风格	多样化 CTA	市场	使用了超过 200 多个宏观工具，如期货、远期和掉期
策略	· 趋势跟踪（75%） · 系统性宏观(25%)	起始日期	1997 年 10 月
基金	· 美国在岸基金 · 离岸基金 · 管理账户		
另类投资策略			
风格	多样化 CTA	市场	利率掉期、信用违约掉期、场外外汇、商品掉期、场外期货
策略	· 系统性趋势跟踪策略为主	起始日期	2019 年 9 月
基金	· 离岸基金 · 管理账户		
中国策略			
风格	以区域为重点的 CTA 策略	市场	约 50 个中国在岸期货及相关期货、远期和掉期
起始日期	2010 年 6 月	基金	· 中国在岸基金 · 离岸基金
动量交易策略			
风格	趋势跟踪策略	市场	通过使用期货、远期、掉期和股票等金融工具进入 400 多个市场
起始日期	2020 年 12 月	基金	· 离岸基金
趋势策略			
风格	纯粹的趋势跟踪策略	市场	150 多个主要市场的期货/OTC 外汇
起始日期	2018 年 7 月		
基金	· Winton Trend Fund (UCITS)：设立于 2018 年 7 月 2 日，基金规模约为 2.97 亿美元，自成立以来的年化回报为 9.28% · 美国在岸基金 · 离岸基金 · 管理账户 · 定制		

资料来源：元盛资产官网，截至 2022 年 11 月 30 日。

7.5 Marshall Wace

7.5.1 公司概况

Marshall Wace(以下简称为“MW”)是一家总部设在伦敦的对冲基金公司，是另类投资解决方案的领先者。1997 年，保罗・马歇尔(Paul Marshall)和伊安・维斯(Ian Wace)创办了该公司，在创立该基金之前，其首席执行官伊安・维斯在 Deutsche Morgan Grenfell 负责股票和衍生品交易，首席信息官保罗・马歇尔担任水星资产管理公司(Mercury Asset Management)的欧洲股市首席信息官。

该基金依靠投资基础知识与量化和系统化策略的结合，来为客户创造尽可能好的回报。Marshall Wace 公司以创建 MW TOPS Alpha Capture System(即 MW 超额收益捕捉系统)而闻名，这被认为是世界上第一个“超额收益捕捉”的应用。这个系统会从 200 多家卖方机构和独立研究机构收集投资理念，每年进行数百万次交易的执行。这个系统架构允许具有不同风险和交易特征的全球多元化投资组合。此外，该公司还运行着几个欧盟可转让证券集合投资计划基金(UCTIS)。截至 2022 年 11 月，该公司管理着超过 550 亿美元的资产，在全球拥有 5 个分部，包括纽约和中国香港，有 400 多名员工。

7.5.2 投资哲学

Marshall Wace 使用定量的、系统的投资策略，利用专有的系统和流程在全球范围内实施，主要专注于多/空股票。20 多年来，技术和数据一直是 MW 业务的核心。2002 年，MW 推出了 MW TOPS，是世界上第一个“超额收益捕捉”的应用。MW 持续培养一个注重创新和追求卓越的环境。

2015 年 9 月，KKR 和 MW 公司宣布形成长期战略伙伴关系，KKR 最初收购了 MW 公司 24.6%的股份(截至 2019 年 11 月，为 39.6%)。KKR 在私募股权和信贷市场拥有市场领导地位，这与 MW 在股权长/短线、流动性替代产品方面的市场领导地位形成互补。

7.5.3 在管理基金

本段选取了部分 MW 在管理基金作为代表，如表 7—5 所示。

表 7—5 MW 在管理基金(部分)

基金名称	资产管理规模(单位:十亿美元)	策略	成立时间	年化收益(自设立以来)
Marshall Wace Funds PLC	17(截至2018 年 1 月)	股票多/空	2010-01-31	NA
Lumyna-MW TOPS UCITS Fund	0.13	股票多/空	2009-03-03	8.04%
Lumyna-MW TOPS (Market Neutral) UCITS Fund	1.55	市场中性	2007-11-23	12.80%
Lumyna-MW Systematic Alpha UCITS Fund	1.39	多重策略	2015-03-06	6.87%
Lumyna-MW ESG (Market Neutral) TOPS UCITS Fund	1.35	市场中性策略	2020-07-07	8.04%
Lumyna-MW TOPS China A Share UCITS	0.13	股票长线投资	2016-04-29	3.79%

资料来源:MW 官网和 Lumyna 官网，截至 2022 年 11 月。

7.6 英仕曼集团

7.6.1 公司概况

英仕曼集团(Man Group)是总部位于伦敦的主动投资资产管理公司，拥有超过 230 年的交易历史，以及超过 25 年的全球投资管理经验。英仕曼雇用了超过 500 名量化专家和技术专家，提供超过数十种投资策略，涉及各种投资方法、风格和资产类别，并在全球 800 多个市场进行交易。

2017 年末，英仕曼集团宣布在中国创建一个量化对冲基金，是首批获得此认证的投资管理公司之一。该基金将由 AHL 部门管理，2020 年，Man AHL 在中国获得了合格境外机构投资者（QFII）牌照的批准。

7.6.2 投资哲学

英仕曼集团分为 5 个投资管理部门，分别为 Man AHL、Man Numeric、Man GLG、Man FRM 和 Man GPM（见表 7—6）。前四个部门每个都有超过 20 年的投资经验。其中 AHL 是一家具备世界领先水平的量化投资管理公司，它以定量分析见长，主要运用定向及非定向交易策略。英仕曼集团在 2017 年推出了 Man GPM，发展了其私人市场产品。

表 7—6　　英仕曼集团投资部门

Man AHL	
简　介	Man AHL 是一家多元化的量化投资管理公司，自 1987 年以来一直是应用系统化交易的先驱。该公司运用创新的量化方法，在全球 750 多个市场中寻找潜在的机会。截至 2022 年 9 月，Man AHL 为全球机构和私人客户管理 606 亿美元的总资产，涉及一系列动量和非动量驱动策略。
投资哲学	该部门的投资方案是基于一个长期的理念，即市场表现出持续的异常现象，如价格趋势、均值回归、套利或其他可重复的模式，这些都可以通过仔细的统计分析来识别。 该部门的核心原则集中在多样化、效率和风险控制上。除了不断努力扩大交易策略的范围外，还努力研究新的市场，以最大限度地实现投资组合的多样化。
Man Numeric	
简　介	Man Numeric 成立于 1989 年，于 2014 年被 Man Group 收购，是一家总部设在波士顿的量化股票管理公司，投资于世界上几乎所有的股票市场。截至 2022 年 9 月，Man Numeric 为全球机构客户提供了 303 亿美元的总资产，包括企业和公共养老金计划、基金会、捐赠基金和主权财富基金。
投资哲学	Man Numeric 相信市场上有一些低效率的地方，可以通过使用尖端技术和数据科学技术来加以利用。Man Numeric 认为在追求阿尔法的过程中，证券选择、风险控制和有效实施都是最重要的。在 Man Numeric，将大量的数据纳入几乎所有的决策中是他们的核心理念，这使他们能够利用近年来发生的数据增长。其投资团队在监督模型和确保其产出符合他们的定性预期方面发挥了关键作用。

续表

Man GLG	
简　介	Man GLG 成立于 1995 年，于 2010 年被 Man Group 收购，是一家全权委托的基金管理公司，在另类和长期战略方面表现活跃，投资于股票和信贷。截至 2022 年 9 月，Man GLG 目前为全球一系列机构和私人客户管理着 241 亿美元的总资产。
多样化策略	Man GLG 提供多样化的另类和长期投资策略，涵盖股票、信贷、固定收益和多资产投资方法。 股票策略：Man GLG 的绝对回报股票策略提供了积极表现的潜力，同时又有下行限制，并与传统管理的资产有较低的相关性，而其长期股票策略旨在通过采用注重阿尔法的主动投资理念，提供高于指数的表现。 信用策略：Man GLG 拥有另类投资领域最全面的信贷产品，并拥有超过 20 年的信贷管理经验。其提供广泛的绝对回报和长期信贷策略，涵盖了信贷范围和资本结构。
Man FRM	
简　介	Man FRM 成立于 1991 年，于 2012 年被 Man Group 收购，是一家对冲基金投资专家，其利用强大的技术能力寻求为客户提供增强的投资解决方案。
投资哲学	Man FRM 旨在全球范围内寻找最优秀的对冲基金经理。Man FRM 的投资团队分布在欧洲、亚洲和美国，使其具有全球影响力并对当地市场有深入了解。Man FRM 认为一个先进的技术平台对其业务的成功至关重要。Man FRM 的机构风险管理框架是支撑其组织运行的关键，其尖端的报告和分析技术进一步支持了这一点，从而为投资组合的业绩和风险提供了更深入的分析和理解。
Man GPM	
简　介	Man GPM 是私人市场的全球投资者，专门从事房地产股权和债务以及特殊融资。截至 2022 年 9 月，Man GPM 通过伦敦、纽约和夏洛特的投资团队管理着 35 亿美元的总资产，包括承诺资本。
多样化策略	美国住宅房地产：Man GPM 专注于有效的资产和投资组合管理，以实现现金流和长期价值的最大化，其“先建后租”和“先租后买”投资组合包括 13 个州的 4 500 多户独栋出租房。 英国社区住房：Man GPM 与地方议会和住房协会合作，提供新的、高质量的混合产权的可负担住房。 特殊融资：Man GPM 的专业贷款团队专注于以专业金融资产（主要是消费者和商业贷款/应收账款）为抵押的高级担保贷款。截至 2022 年 9 月，该团队已在多个信贷周期的 150 多个私人债务交易中投资超过 20 亿美元。 信用风险分担（CRS）：Man GPM 的 CRS 团队收购循环企业信贷设施和高级担保条款贷款的私人证券化。

资料来源：Man Group 官网，截至 2022 年 11 月 30 日。

7.6.3 在管理基金

Man AHL 正是 7.4.1 节中提到的大卫·哈丁创立的 AHL，成立于 1987 年，是该集团历史最悠久的投资管理公司，也是英仕曼集团的旗舰基金管理公司。这是一家多元化的量化投资管理公司，提供绝对回报和长线基金，有动量和非动量策略，本书选取部分 Man AHL 持有的基金作为代表，见表 7—7。

表 7—7　　英仕曼集团在管理基金

基金名称	投资方法	成立时间	收益表现（自成立以来）	特　点
AHL Alpha	趋势跟踪	1995-10-17	1 395.2%	与股票的相关性低，有可能在股票市场陷入危机时带来强劲的回报
AHL Dimension	均衡分配	2006-07-03	117.6%	历史上与许多主要资产类别不相关；专门的研究团队
AHL Diversified	趋势跟踪	2013-07-16	1 437.3%	与股票的相关性低，在股票市场出现危机时有可能带来丰厚的回报
AHL Evolution	趋势跟踪（CTA）	2005-09-26	649.7%	在 2009—2013 年间表现强劲（对 CTA 极具挑战性的时期）；与传统资产类别以及其他 CTA 的关联度低
AHL Evolution Frontier	趋势跟踪（典型 CTA）	2015-04-30	106.4%	将 AHL Evolution Programme 的概念应用于流动性较差或较难进入的市场
AHL Macro	系统性宏观	2019-11-29	NA	与传统投资（如债券和股票）以及 CTA 的关联度低
AHL Trend Inflation Defensive Equity	均衡分配	NA	NA	针对以股票和债券为主的传统投资组合的投资者；旨在稳健地应对股票市场危机，如由通货膨胀压力引起的危机

资料来源：Man Group 官网，截至 2022 年 11 月 30 日。

7.7 Citadel

7.7.1 公司概况

Citadel LLC(原名 Citadel Investment Group,LLC)是一家美国跨国对冲基金和金融服务公司。该公司由肯尼斯·格里芬(Kenneth C. Griffin)于1990年创立,截至2022年11月1日,其管理的资产约590亿美元。该公司有2 600多名员工,公司总部设在佛罗里达州的迈阿密。其办事处遍布北美、亚洲和欧洲。创始人、首席执行官和联合首席信息官肯尼斯·格里芬拥有该公司约85%的股份。

7.7.2 投资策略

Citadel的主要投资策略如表7—8所示。

表7—8　　Citadel投资策略

股票策略	
简　介	Citadel的股票业务团队运用他们深厚的专业知识,投资于全球各地公司的股票和与股票挂钩的证券。通过将基本面选股与专有分析方法相结合,并以严格的风险管理为基础,寻求产生超额收益。 团队投资于通信、消费、能源、金融、保健、工业、媒体和娱乐以及技术领域的公司。团队每年参加全球各地数以千计的公司会议。
固定收益和宏观策略	
简　介	Citadel的固定收益和宏观团队通过使用宏观和相对价值策略投资于全球市场的固定收益证券,寻求产生阿尔法。作为Citadel历史最悠久的战略之一,团队的投资流程融合了定量分析、基本面研究和经验丰富的判断。
投资方法	Citadel的固定收益和宏观团队协同工作,在严格的分析框架内整合了一个严谨的投资流程。利用其对央行的深入了解以及与领先经济学家的合作关系,其专业知识涵盖了宏观观点、货币政策以及公共和特定数据。其交易和研究团队使用定性和定量的方法,不断分析和评估新的机会。重点领域包括利率、货币、主权债券和通货膨胀。

续表

大宗商品	
简　介	Citadel 的大宗商品团队通过在实物和金融大宗商品市场上的方向性和相对价值策略，寻求产生超额收益。团队评估天然气、电力、原油、精炼产品和农业方面的机会，主要是在北美和欧洲。
投资方法	团队使用基本研究、专有分析方法和定量分析来支持投资观点。团队将这些技术与所交易的每个市场紧密结合起来，反映在团队为每种商品或产品生成供需平衡的评估上。团队利用 Citadel 先进的技术平台，使其能够快速和深入地了解市场或产品中的模式，进行情景分析并提高观点的整体准确性。
信　贷	
简　介	Citadel 的信贷团队通过关注连接公司债券、可转换债券、银行债务、信用衍生品、信用指数和股票的关系，寻求产生超额收益。
投资方法	该团队的核心战略主要在美国和欧洲的企业范围内运作，整合了结构性、统计性和基本面的方法来投资整个企业资本结构。

资料来源：Citadel 官网，截至 2022 年 11 月 30 日。

7.7.3　股票业务

Citadel 的主要股票策略如表 7—9 所示。

表 7—9　　Citadel 股票策略

Citadel Global Equities			
简　介	Citadel Global Equities (CGE)是 Citadel 的根基股票业务。CGE 汇集了来自 6 个主要投资领域的顶尖人才，包括从消费者到能源再到医疗保健。CGE 战略团队通过投资股票的首次发行和后续发行来支持企业资本形成。		
投资方法	寻求通过投资于提供最大机会的公司来产生超额收益。	办事处	芝加哥；纽约；旧金山；格林尼治；洛杉矶；迈阿密
投资领域	通信、媒体和娱乐；消费品；能源业；金融业；医疗保健；工业和材料；科技类	成立日期	2001 年

续表

<table>
<tr><th colspan="4">Surveyor Capital</th></tr>
<tr><td>简 介</td><td colspan="3">Surveyor Capital 是 Citadel 的四个基本股票业务之一。作为 Surveyor 投资流程的核心，与行业相关的投资团队专注于了解每家公司的战略、管理团队、业绩驱动因素以及中长期的周期性和长期行业趋势。Surveyor 团队在全球范围内投资于通过首次公开发行和后续股票发行筹集资金的公司。</td></tr>
<tr><td>投资方法</td><td>Surveyor 将详细的基本面研究和财务分析与 Citadel 风险管理平台上的投资组合构建相结合。</td><td>办事处</td><td>波士顿、达拉斯、格林尼治、休斯敦、纽约、芝加哥、旧金山、坦帕</td></tr>
<tr><td>分析师职业经验</td><td>平均 11 年</td><td>成立日期</td><td>2008 年</td></tr>
<tr><th colspan="4">Ashler Capital</th></tr>
<tr><td>简 介</td><td colspan="3">Ashler Capital 是 Citadel 以价值为导向的市场中立的股权业务，结合基本的投资方法和与管理团队的强大关系，通过投资被低估的上市公司，实现持续的高风险调整后的回报。</td></tr>
<tr><td>投资方法</td><td>以行业为重点，采用基本研究和财务分析。拥有数十年投资经验的投资组合管理团队，结合深厚的行业知识和严格的投资流程，对公司的表现形成了与众不同的看法。</td><td>办事处</td><td>芝加哥、纽约、旧金山、波士顿</td></tr>
<tr><td>投资重点</td><td>医疗保健、工业、能源、技术、媒体和电信、消费者、金融和风险套利</td><td>成立日期</td><td>2018 年</td></tr>
<tr><th colspan="4">Citadel International Equities</th></tr>
<tr><td>简 介</td><td colspan="3">Citadel International Equities 是一个由欧洲和亚洲的股票业务组成的多经理人股票业务。该业务在欧洲和亚洲都有领导人员和运营团队。Citadel International Equities 投资团队在进行投资之前，力求对每家公司的战略、管理团队、业绩驱动因素以及周期性和长期性行业趋势形成深刻的理解。主要战略团队投资于在欧洲和亚洲注册的公司，这些公司正在通过首次公开和后续的股票发行筹集资金。</td></tr>
</table>

资料来源：Citadel 官网，截至 2022 年 11 月 30 日。

7.8 桥水基金

7.8.1 公司概况

桥水基金(Bridgewater Associates)是一家美国投资管理公司,由雷·达利欧(Ray Dalio)于1975年创立,目前是世界最大的对冲基金公司,截至2022年6月30日,其管理的资产约1 500亿美元。该公司服务的机构客户包括养老基金、捐赠基金、基金会、外国政府和中央银行。

桥水基金采用的是基于通货膨胀、货币汇率和美国国内生产总值等经济趋势的全球宏观投资风格。桥水基金最初提供咨询服务和风险管理业务,为客户提供每日市场观察(Daily Observation),后来逐渐转向机构投资。1991年,桥水设立了旗下第一只旗舰基金——主动型绝对阿尔法(Pure Alpha)基金,1996年桥水开创了风险平价投资方法,设立了全天候(All Weather)基金。2017年,桥水设立全天候中国基金,是在海外发行的中国基金,以全天候策略投资中国市场。2018年,桥水获批成为外商独资企业性质的私募证券投资基金管理人,启动在中国的私募业务。

7.8.2 创始人雷·达利欧

雷·达利欧于1971年毕业于C. W. Post College,获得金融学学士学位,并于1973年获得哈佛商学院的MBA学位。1975年,雷在其纽约的家中创立了桥水基金,并在接下来47年的大部分时间里经营该公司,将其打造成为世界上最大的对冲基金。根据《财富》杂志的报道,桥水基金位列美国第五大最重要的私营公司。

在桥水公司的早期,雷帮助机构投资者提供咨询并积极管理他们的风险敞口,主要是在商品和期货市场。他还通过电报向客户发送名为《桥水每日观察》的日常研究评论,分享他的投资思想。随着时间的推移,这种高质量的研究为桥水带来了其直接管理的第一个机构基金:1985年世界银行的一个500万美元的账户。许多机构投资者也随之而来。今天,《桥水每日观察》仍然是全球投资者和政策制定者最热衷的市场评论文章之一。

在雷的领导下,桥水公司最终成为世界上最大的对冲基金。这些成果归功于桥水的创新投资方式和独特的文化。雷的创新投资方法(如风险平价、阿尔法叠加和全天候)改变了全球机构的投资方式,他还获得了多个终身成就奖。几十年来,他一直是世界上许多政策制定者的重要宏观经济顾问。由于他的思想对全球宏观经济政策的影响,他被《时代》杂志评为"世界上最有影响力的100人"之一。他也是《纽约时报》畅销书《原则》的第一作者。雷于2017年卸任首席执行官,2021年底卸任董事长,2020年夏天,他将首席信息官的角色过渡到专注于指导投资委员会,该委员会负责监督和发展桥水的投资战略。随着2022年9月过渡期的完成,他现在作为首席投资官和投资委员会的导师、运营委员会的成员以及高级投资者为桥水服务。

7.8.3 投资策略

为进一步了解桥水基金的投资理念,本段选取桥水的两个旗舰基金进行介绍。20世纪,创始人雷·达利欧将阿尔法和贝塔分离的投资策略引入桥水基金,这一策略在2000年逐渐被各大基金经理认可。桥水基金是第一个运用这个投资策略并为这两个投资模式各自设立了相应的投资基金:绝对阿尔法(Pure Alpha)对冲基金和全天候(All Weather)对冲基金。

绝对阿尔法基金

20世纪80年代,雷·达利欧试图找到一种在低风险中享受高回报的方法,而不是只选择高风险/高回报或低风险/低回报。他和他的团队发现适当的多样化可以减少风险而不损害收益。当时分散投资的典型想法只是在一个资产类别内进行分散投资。然而,这些股票之间仍有很强的相关性。桥水发现,关键是要增加相互之间不相关的资产。他们的模型显示,这种方法将减少损失风险而不会减少整体回报。其结果是回报风险比相较他们以前的策略要大好几倍,这就是真正的多样化。基于这些原则,桥水推出了绝对阿尔法基金。

得益于对政策制定者和市场最终将不得不对不断增长的通胀压力和紧缩的货币条件作出反应的押注，绝对阿尔法(18%波动率)基金在2022年上半年获得了32.2%的收益，战胜了市场的大幅下跌。截至2022年4月，在过去5年、10年和15年中，年化回报率分别为4.4%、4.2%和8.5%(净总回报)。

全天候基金

全天候策略则是桥水另一个知名的投资策略，其理论基于风险平价策略，实现在任何经济环境下给予投资者良好可靠的回报。这个投资策略围绕着投资组合的多样化，因为对不同行业和资产类别的投资可以减少不同市场情况下的风险。截至2022年11月，全天候基金(12%)目前管理的资产约为389亿美元，累计总回报为485.41%。全天候基金相比于其他指数的表现如图7—1所示。

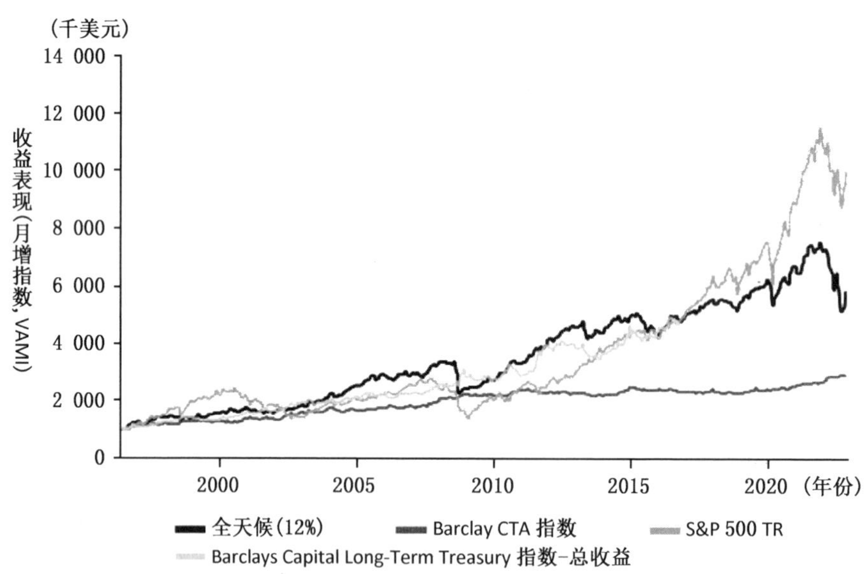

图7—1 全天候基金(12%)相比其他指数的收益表现

参考文献

Travers, F. J. (ed) (2012). Quantitative Analysis, in *Hedge Fund Analysis: An In-Depth Guide to Evaluating Return Potential and Assessing Risks*, John Wiley & Sons, Inc., Hoboken, NJ, USA.

Fabozzi, F. J. (2009). Alternative Assets, in *Institutional Investment Management: Equity and Bond Portfolio Strategies and Applications*, John Wiley & Sons, Inc., Hoboken, NJ, USA.

Anson, M. J. P. (2008). Hedge Funds, *Handbook of Finance*, I:5, p. 53.

Anson, M. J. P., Fabozzi, F. J. and Jones, F. J. (2010). Considerations in Investing in Hedge Funds, in *The Handbook of Traditional and Alternative Investment Vehicles: Investment Characteristics and Strategies*, John Wiley & Sons, Inc., Hoboken, NJ, USA. doi: 10.1002/9781118258248.ch17.

Haixiang Yao, Yong Li, Karen Benson (2015). A smooth non-parametric estimation framework for safety-first portfolio optimization, *Quantitative Finance*, 15: 11, pp. 1865—1884.

Thomas A. Crowell (2007). Chapter 5—Financing Your Movie, in *The Pocket Lawyer for Filmmakers*, Focal Press, Boston, pp. 41—47.

Pompian, M. M. (2009). Hedge Funds, in *Advising Ultra-Affluent Clients and Family Offices*, John Wiley & Sons, Inc., Hoboken, NJ, USA. doi: 10.1002/9781118267851.ch10.

Lejeune, M. (2011). A VaR Black-Litterman model for the construction of absolute return fund-of-funds, *Quantitative Finance*, 11(10), pp. 1489—1501.

Jaitly, R. (2016). *Practical operational due diligence on hedge funds*, Chichester: Wiley.

Scharfman, J. (2009). *Hedge fund operational due diligence*, Hoboken, N. J.: Wiley.

Lhabitant, F. (2014). *Handbook of hedge funds*, Hoboken, N. J.: Wiley.

Anon(2017). [online] Available at: http://www.freeerisa.org/Insight/200601si.asp [Accessed 11 Oct. 2017].

Staff, I. (2017). Hedge Fund. [online] Investopedia. Available at: http://www.investopedia.com/terms/h/hedgefund.asp [Accessed 11 Oct. 2017].

Sax Angle Partners, LP. (2017). Due Diligence-Sax Angle Partners, LP. [online] Available at: http://saxangle.com/hedge-funds/due-diligence/ [Accessed 11 Oct. 2017].

Anon(2017). [online] Available at: https://www.towerswatson.com/assets/ap/pdf/6960/TowersWatson-HedgeFunds-May2012.pdf [Accessed 11 Oct. 2017].

Man.com(2017). How to pick a quantitative hedge fund | Research | Man Group. [online] Available at: https://www.man.com/how-to-pick-a-quantitative-hedge-fund [Accessed 11 Oct. 2017].

Anon(2017). [online] Available at: http://www.managedfunds.org/wp-content/uploads/2011/06/Final_2009_complete.pdf [Accessed 11 Oct. 2017].

Barclayhedge.com(2017). Equity Long Only Definition | Long Only Hedge Fund Strategy. [online] Available at: https://www.barclayhedge.com/research/educational-articles/hedge-fund-strategy-definition/hedge-fund-equity-long-only.html [Accessed 11 Oct. 2017].

Jonkheer, J. (2017). 12 Questions to Ask Before Selecting a Commodity Trading Advisor-IASG. [online] IASG. Available at: https://blog.iasg.com/2015/07/02/questions-to-ask-before-selecting-commodity-trading-advisor/[Accessed 11 Oct. 2017].

Etf.com(2017). Alpha/Beta Separation | ETF.com. [online] Available at: http://www.etf.com/publications/journalofindexes/joi-articles/5429-alphabeta-separation.html?start=3 [Accessed 11 Oct. 2017].

Anon(2017). [online] Available at: http://arbitragefunds.com/sites/ArbitrageFunds/files/pdf/What%20is%20Event%20Driven.pdf [Accessed 11 Oct. 2017].

Anon(2017). [online] Available at: https://www.optionseducation.org/content/dam/oic/documents/literature/files/Hedge_Fund_Journal_article_2.pdf [Accessed 11 Oct. 2017].

Farrington, R. (2017). The Top 10 Investors of All Time. [online] The College Investor. Available at: https://thecollegeinvestor.com/972/the-top-10-investors-of-all-time/[Accessed 11 Oct. 2017].